民航服务专业新形态系列教材

付坤伟 主编
吉良新 谢树月 副主编

民航服务礼仪

清华大学出版社
北京

内容简介

本书包括认识礼仪、塑造妆容、雕琢仪表、训练仪态、日常礼仪、商务礼仪、面试礼仪、地面服务礼仪、客舱服务礼仪 9 章。本书以民航服务礼仪的基本规范和要求为主线，力求让学生全面、正确、深入地认识和理解空中乘务服务礼仪，树立良好的职业道德和服务意识，掌握民航服务的程序和方法，培养学生在民航服务实际工作中的接待能力和分析问题、解决问题的能力。

本书既可以作为航空运输类专业的教材使用，也可以作为民航等相关行业的培训教材。

本书封面贴有清华大学出版社防伪标签，无标签者不得销售。
版权所有，侵权必究。举报：010-62782989，beiqinquan@tup.tsinghua.edu.cn。

图书在版编目(CIP)数据

民航服务礼仪/付坤伟主编．—北京：清华大学出版社，2022.4
民航服务专业新形态系列教材
ISBN 978-7-302-59964-7

Ⅰ.①民… Ⅱ.①付… Ⅲ.①民用航空－乘务人员－礼仪－职业教育－教材 Ⅳ.①F560.9

中国版本图书馆 CIP 数据核字(2022)第 019846 号

责任编辑：聂军来
封面设计：常雪影
责任校对：赵琳爽
责任印制：宋　林

出版发行：清华大学出版社
网　　址：http://www.tup.com.cn，http://www.wqbook.com
地　　址：北京清华大学学研大厦 A 座　　邮　　编：100084
社 总 机：010-83470000　　邮　　购：010-62786544
投稿与读者服务：010-62776969，c-service@tup.tsinghua.edu.cn
质量反馈：010-62772015，zhiliang@tup.tsinghua.edu.cn
课件下载：http://www.tup.com.cn，010-83470410
印 装 者：三河市龙大印装有限公司
经　　销：全国新华书店
开　　本：185mm×260mm　　印　张：9.75　　字　数：224 千字
版　　次：2022 年 4 月第 1 版　　印　次：2022 年 4 月第 1 次印刷
定　　价：39.00 元

产品编号：092061-01

前言 PREFACE

随着我国民航运输业的蓬勃发展，越来越多的人在长途旅行时选择飞机出行。而民航从业者在服务过程中表现出来的礼仪素养在很大程度上决定了航空公司的服务水平。

民航业的快速、多样化发展，对航空服务人才的大量需求，使民航服务人才培养的模式也从原来单纯依靠民航系统院校培养，发展成为多层次的职业院校的培养模式。

为了贯彻"以就业为导向，以服务为宗旨"的职业教育办学方针，适应职业院校人才培养和素质教育的需要，我们组织了一批具有丰富礼仪教学经验的教师，经过充分讨论，确定了本书的整体框架和主要内容。

本书主要包括认识礼仪、塑造妆容、雕琢仪表、训练仪态、地面服务礼仪、客舱服务礼仪、面试礼仪、日常礼仪、商务礼仪9部分。本书以民航服务礼仪的基本规范和要求为主线，力求让学生全面、正确、深入地认识和理解空中乘务专业，树立良好的职业道德和服务意识，掌握民航服务的程序和方法，培养学生在民航服务实际工作中的接待能力和分析问题、解决问题的能力。

本书的编写分工如下：第一、二、三章由付坤伟编写；第四、五章由谢树月编写；第六、七章由于海燕、刘阳编写；第八章由李承琳编写；第九章由韩妮娜、刘加英编写。

为了提高读者的学习效果，本书配备了大量照片和视频。在此，向照片和视频中的所有同学表示衷心的感谢！他们都来自日照职业技术学院空中乘务专业，名单如下（排名不分先后）：提付艳、孙振、李佳、高冲冲、闫文靖、马佳慧、崔璨、陈明凯、黄浩伟、于安学等。

在本书编写过程中，我们参阅了很多相关专著，搜集了很多网络资源，谨向这些资源的作者致以诚挚的谢意。同时，由于我们的水平有限，书中难免有不当之处，敬请读者指正。

编　者

2021年4月

目录 CONTENTS

第一章　认识礼仪 …………………………………………………… 1
　第一节　东方礼仪和西方礼仪的差异 ………………………… 2
　第二节　礼的概念与内涵 ……………………………………… 4

第二章　塑造妆容 …………………………………………………… 11
　第一节　男士妆容 ……………………………………………… 11
　第二节　女士妆容 ……………………………………………… 13

第三章　雕琢仪表 …………………………………………………… 25
　第一节　仪表礼仪的基本要求 ………………………………… 25
　第二节　民航服务人员的制服 ………………………………… 27
　第三节　民航服务人员的饰品 ………………………………… 41

第四章　训练仪态 …………………………………………………… 44
　第一节　训练微笑 ……………………………………………… 45
　第二节　训练站姿 ……………………………………………… 49
　第三节　训练坐姿 ……………………………………………… 52
　第四节　训练走姿 ……………………………………………… 58
　第五节　训练蹲姿 ……………………………………………… 61
　第六节　训练手势 ……………………………………………… 63

第五章　日常礼仪 …………………………………………………… 69
　第一节　电话礼仪 ……………………………………………… 69
　第二节　交往礼仪 ……………………………………………… 73
　第三节　就餐礼仪 ……………………………………………… 78
　第四节　公共礼仪 ……………………………………………… 81

第六章　商务礼仪 …………………………………………………… 85
　第一节　会议礼仪 ……………………………………………… 85

第二节　开业礼仪 ·· 91
　　第三节　颁奖礼仪 ·· 93
　　第四节　庆典礼仪 ·· 95
　　第五节　签约礼仪 ·· 97
　　第六节　新闻发布会礼仪 ·· 99

第七章　面试礼仪 ·· 101
　　第一节　准备面试 ·· 101
　　第二节　模拟面试 ·· 107

第八章　地面服务礼仪 ··· 114
　　第一节　地面服务人员服务规范 ·································· 114
　　第二节　民航服务语言 ··· 119
　　第三节　值机服务礼仪 ··· 122
　　第四节　问询服务礼仪 ··· 128
　　第五节　要客服务礼仪 ··· 131

第九章　客舱服务礼仪 ··· 135
　　第一节　准备阶段 ·· 136
　　第二节　迎客阶段 ·· 137
　　第三节　客舱服务阶段 ··· 138
　　第四节　送客阶段 ·· 142

参考文献 ··· 147

第一章 认识礼仪

礼仪是什么？仔细想一下，这个问题其实不难。从孩提时期父母关于做人的教诲，到小学课本里富含哲理的名人轶事；从上学时期老师关于相处之道的说教，到踏入社会后与人交际的切身体会，每个人都会对礼仪有一个自己的解释。本书将带领大家重温传统礼仪之道，认识并强化现代民航服务过程中的礼仪规范。

礼仪是人们在长期的社会实践中，约定俗成的道德行为规范。即人们与他人交往的程序、方式以及实施交往时的外在表现。

传统礼仪故事三则

一、孔融让梨

孔融，东汉末年著名的文学家，建安七子之一，他的文学创作深受魏文帝曹丕的推崇。据史书记载，孔融幼时不但非常聪明，而且是一个注重兄弟之礼、互助友爱的典型。

孔融四岁的时候，常常和哥哥一块儿吃梨。每次，孔融都是拿一个最小的梨。有一次，有人问道："你为什么总是拿小的而不拿大的呢？"孔融说："我是弟弟，年龄最小，应该吃小的，大的还是让给哥哥吃吧！"

孔融小小年纪就懂得兄弟姐妹相互礼让的道理，使全家人都感到惊喜。孔融让梨的故事流传千载，成为相互谦让的典范。

二、千里送鹅毛

唐朝时，云南一位少数民族的首领为表示对唐王朝的友好，派特使缅伯高向唐太宗贡献天鹅。

路过沔阳河时，缅伯高把天鹅从笼子里放出来，让它喝水。不料，天鹅展翅飞向高空。缅伯高忙伸手去捉，只扯得几根鹅毛。缅伯高急得顿足捶胸，号啕大哭。随从们劝他说："已经飞走了，哭也没有用，还是想想补救的方法吧。"缅伯高一想，也只能如此了。

到了长安，缅伯高拜见唐太宗，并献上礼物。唐太宗见是一个精致的绸缎小包，便令人打开，一看是几根鹅毛和一首小诗。诗曰："天鹅贡唐朝，山高路途遥。沔阳河失宝，倒地哭号啕。上复圣天子，可饶缅伯高。礼轻情意重，千里送鹅毛。"唐太宗莫名其妙，缅伯高随即讲出事情原委。唐太宗连声说："难能可贵！难能可贵！千里送鹅毛，礼轻情意重！"

这个故事体现出送礼之人诚信的可贵美德。今天，人们用"千里送鹅毛"比喻送出的礼物单薄，但情意却异常浓厚。

三、程门立雪

"程门立雪"出自《宋史·杨时传》："杨时见程颐于洛，时盖年四十矣。一日见颐，颐偶瞑坐,时与游酢侍立不去。颐既觉,则门外雪深一尺矣。""程门立雪"说的是宋代学者杨时和游酢向程颐拜师求教的事。

相传,一日杨时和游酢,来到嵩阳书院拜见程颐,但是正遇上程老先生闭目养神。这时候,外面开始下雪。这两人求师心切,便恭恭敬敬侍立一旁,不言不动,如此等了大半天,程颐才慢慢睁开眼睛,见杨时和游酢站在面前,吃了一惊。这时候,门外的雪已经积了一尺多厚了,而杨时和游酢并没有一丝疲倦和不耐烦的神情。后来人们常用"程门立雪"的成语表示求学者尊敬师长和求学心诚意坚。

第一节　东方礼仪和西方礼仪的差异

> **学习目标**
> 正确区分和认识东西方礼仪的特点。

当今社会不同文化背景的人们彼此间的交往日益增多,日益频繁的跨文化沟通是当今世界的一个重要特征。

不同的地域、不同的国家、不同的社会制度构成的礼仪有一定的差异性。现代礼仪应遵守的原则之一就是尊重,也就是要求在各种类型的人际交往活动中,以相互尊重为前提,既不损害对方的利益,同时又要保持自尊。

所以,我们应当了解跨文化礼仪的差异性,学会尊重不同文化背景下的礼仪习俗。以下将介绍东西方的两种礼仪。

一、东方礼仪

古老的东方以其富含人情味的传统礼仪向世人展示了悠久的历史文化和无穷的魅力。东方礼仪主要指以中国、日本、新加坡等为代表的亚洲国家所具有的东方民族特点的礼仪文化。

1. 重视亲情和血缘

一般来说,东方国家尤其信奉"血浓于水"这一传统观念,所以人际关系中最稳定的关系就是血缘关系。当多种利益发生矛盾和冲突时,很多人都会选择维护有血缘关系的家庭利益。

同时,有很多古语、俗语都反映出东方民族重视亲情和血缘这一特点,如"老吾老以及人之老,幼吾幼以及人之幼""人丁兴旺,儿孙满堂"等。

很多中国传统的大家庭,四世同堂,共居一室,家长维系着家庭中各个成员之间的关系,并具有绝对的权威性。家长一生操劳,从养育儿女到孙辈,甚至重孙辈,不仅不以为苦,反而自得其乐。这些在西方人看来简直是不可思议。因为西方国家的家长,注重培养儿女的独立性和自理能力;儿女一旦成年,理所当然地要依靠自己的能力求生存。

2. 谦逊、含蓄

东方国家的人们多具有谦虚、含蓄、委婉的特点,而西方人则具有率直、坦诚的特点。

3. 强调共性(整体性)

东方人非常注重共性,强调整体性和综合性,国民都有较强的民族感。这一特点在日本尤其突出。东方人注重集体主义、团队精神、凝聚力,强调组织的团结与和谐,与人交往时,也以协调处理各种关系为重。例如,日本的丰田汽车公司,经营管理充满家庭式色彩,富有人情味,人人以为集团谋事业出力而感到光荣。

4. 礼尚往来

"礼"是联系人际交往的媒介和桥梁。这里的"礼",主要指礼物,但其实礼物本身并不重要,重要的是渗透其中的情感。

东方人讲究"来而不往非礼也"。送礼的名目繁多,除了重要的节日相互拜访需要送礼外,平时的婚、丧、嫁、娶、生日、升职、加薪等都可以作为送礼理由,甚至第一次见面都会说"初次见面,小小薄礼不成敬意"。

二、西方礼仪

西方礼仪的产生与西方文明的发展有密切的关系。它的萌芽产生于古希腊,形成于17—18世纪的法国,期间深受古希腊、古罗马、法兰西等国文化的影响,如美国、英国、意大利、德国和法国等国家受其影响较大。

1. 简单务实

东方人在人际交往中进入正题之前,"预热"时间比西方人长;而英美人喜欢单刀直入,预热的阶段很短。

西方礼仪具有很强的务实性。西方人特别是美国人,在开场白和结束语中,没有过多的谦辞,而且这些谦辞使美国人反感"你没有准备好就不要讲了,不要浪费别人的时间"(比较直截了当,不拐弯抹角)。

2. 崇尚个性自由

西方礼仪讲求个人尊严、隐私神圣不可侵犯。

3. 惜时如金

西方人常随身携带记事本,记录日程安排,赴约须提前到达,至少也会准时到达,且不会随意改动。这一点在德国人身上非常明显。

西方人常将交往对象是否遵守时间当作判断其工作是否负责,是否值得与其合作的重要依据。西方人工作作风严谨,工作时间与业余时间区别分明,下班时间、休假时间不打电话谈论工作问题。

4. 自由、平等、开放

西方提倡人人平等,积极自由地参与竞争。

试从以下案例中学习中西礼仪文化的差异。

拓展阅读1.1

难道我的评价不中肯

一位英国老妇人到中国旅游观光,对接待她的导游小姐评价颇高,认为她服务态度好,语言水平也很高,便夸奖导游小姐说:"你的英语讲得好极了!"导游小姐马上回应说:"我的英语讲得不好。"老妇人一听很生气:"英语是我的母语,难道我的夸奖不够中肯,不具有权威性吗?"

(佚名,外国客人的评价,https://www. ppkao. com/tiku/shiti/47f144045b6a4c2c8eb5fbe0a72b221b. html,2021年5月2日摘录)

拓展阅读1.2

迟到五分钟

某企业,为了避免濒临破产的局面,想寻找一家资金雄厚的外资企业做合作伙伴。经过多方努力,终于找到了自己的"意中人"——一家具有国际声望的德国公司。经过双方长时间的谈判,终于进入签约环节。在签字仪式那天,德方代表提前5分钟到场,而中方企业代表到达签字地点的时间比双方正式约定的时间晚了5分钟。当中方企业代表要求德方代表在合约上签字时,德方代表拒绝签字,并对中方企业代表说:"我们绝不会跟没有时间观念的人做生意伙伴。"

(佚名,五分钟的迟到,https://wenku. baidu. com/view/0b290b8fcbaedd3383c4bb4cf7ec4afe05a1b1cc. html,2019-10-17上传,2021年5月2日摘录)

拓展阅读1.3

谁 先 下 车

某高级酒店的迎宾员小李看见有一辆高级轿车停靠在酒店门前,便赶快迎上前去。小李看到车内坐的是外国宾客,前排副驾驶座上坐着一位女士,后排坐着两位男士。小李立即以优雅的姿态和职业性的动作,先为后排客人打开后门,做好护顶姿势,并目视着客人,礼貌亲切地问候。关好车门后,小李又迅速走向前门,以同样的礼仪迎接那位女士下车,但发现几位宾客都是满脸不悦的神情,这让小李感到有点茫然。

(佚名,谁先下车,https://wenku. baidu. com/view/e12ed7be58fb770bf78a55ff. html,2015-10-08上传,2021年5月2日摘录)

拓展阅读1.4

从头到脚都漂亮

一名官员携夫人去机场迎接来自美国的客人。双方见面后,美国客人出于礼貌说:"您的夫人真漂亮!"官员甚感尴尬又不免客套一番:"哪里,哪里!"在中国,这本是一句很普通的客套话,可是蹩脚的翻译却把这句话译成"where? where?"美国客人听了莫名其妙,心想他只是礼貌地称赞一下他的夫人,对方居然问起哪里漂亮。于是他只好说:"从头到脚都漂亮!"

(佚名,文化差异引起的笑话,https://zhidao. baidu. com/question/38846366. html,2007-11-03上传,2021年5月2日摘录)

第二节　礼的概念与内涵

学习目标

(1) 把握礼仪的含义、特征。
(2) 掌握礼仪的原则。

一、礼的基本概念

1. 礼

"礼"的本意为敬神,现代引申为表示敬意的通称。礼表示尊敬的言语或动作,是人们在长期的生活实践与交往中约定俗成的行为规范。在古代,礼特指奴隶社会或封建社会等级森严的社会规范和道德规范。现在,礼的含义比较广泛,它既可指为表示敬意而隆重举行的仪式,也可泛指社会交往中的礼貌和礼节。

礼的本质是"诚",即有敬重、友好、谦恭、关心和体贴之意。

2. 礼貌

礼貌是人与人在交往中,通过言谈、举止、表情相互表示敬重和友好的行为准则,它体现了时代的风尚和人们的道德品质,体现了人们的文化层次和文明程度。

礼貌是一个人在待人接物时的外在表现,是通过言谈、表情、姿态等来表示对人的尊重。礼貌可分为礼貌行为和礼貌语言两部分。礼貌行为是一种无声的语言,如微笑、点头、欠身、鞠躬、握手及正确的站姿、坐姿等;礼貌语言是一种有声的行动,如使用"女士""先生"等敬语,"恭候光临""我能为您做点什么"等谦语,"哪一位""哪里方便"等雅语。

在人际交往中讲礼貌,不仅有助于建立相互尊重和友好合作的新型关系,而且能够缓解或避免某些不必要的冲突。

我国古代把"温、良、恭、俭、让"作为衡量礼貌周全与否的准则之一(即做人要温和、善良、恭敬、节俭、忍让)。

3. 礼节

礼节指人们在日常生活中,特别是在交际场合中,相互表示尊重、友好的问候、致意、祝愿、慰问以及给予必要协助与照顾的惯用形式。

礼节是礼貌的具体表现形式,是人内在品质的外化。懂礼貌、尊重他人就是通过礼节表现出来的。例如,尊重师长可以通过见到长辈和教师问安行礼的礼节表现出来;欢迎客人到来可以通过接待客人时起立、握手等礼节来表示;得到别人帮助应说"谢谢"来表示感激的心情。

借助这些礼节,对别人尊重友好的礼貌得到了适当的表达。如果没有掌握这些礼节,在与人交往时往往虽有尊重别人的内心愿望却难以表达,所以,人们应掌握正确(规范)的礼节,正确地表达意愿。

4. 礼仪

通常,礼仪是指在较大且较隆重的正式场合,为表示敬意、尊重、重视等所举行的合乎社交规范和道德规范的仪式。

《辞源》:"礼仪,行礼之仪式。"礼仪就是表示礼节的仪式,这种仪式是自始至终以一定的、约定俗成的程序方式来表现的律己、敬人的完整行为。

礼貌是礼仪的基础,礼节是礼仪的基本组成部分。换言之,礼仪在层次上要高于礼貌、礼节,其内涵更深、更广。礼仪,实际上是由一系列具体的、表现礼貌的礼节所构成。它不像礼节一样只是一种做法,而是一个表示礼貌的系统、完整的过程。

二、礼、礼貌、礼节、礼仪之间的关系

礼是一种社会道德规范,是人们在社会交往中的行为规范。礼貌、礼节、礼仪都属于礼

的范畴,礼貌是表示尊重的言行规范,礼节是表示尊重的惯用形式和具体要求,礼仪是由一系列具体表示礼貌的礼节所构成的完整过程。三者虽然名称不同,但都是人们在相互交往中表示尊敬、友好的行为,其本质都是尊敬对方。三者相辅相成,密不可分。有礼貌之心而不懂礼节,容易失礼;知道礼节而流于形式,充其量是客套。

三、礼仪的功能

1. 教育功能

礼仪通过评价、劝阻、示范等教育形式纠正人们的不良行为或习惯,指导人们按照礼仪规范的要求协调人际关系、维护社会生活。

2. 沟通功能

在人际交往中,只有按照礼仪的要求,人们才能更有效地向交往对象表达自己的尊敬、敬佩、善意和友好,人际交往才可以顺利进行和延续。

3. 协调功能

协调功能是指礼仪的原则和规范指导人们立身处世的行为方法。

4. 塑造功能

礼仪在行为美学方面指导着人们不断地充实和完善自我,并通过直观的形式体现出来,被交往对象所接受,给交往对象留下良好的印象。

5. 维护功能

由于礼仪能使人们自觉地约束自己的行为,和他人友好地相处,能促进人与人之间和谐关系的形成。家庭的安宁、邻里之间的和睦、同事之间的信任,都依赖于人们共同遵守礼仪规范。

四、现代礼仪的特征

1. 国际性

礼作为一种文化现象,它跨越了国家和地区的界线,为世界各国人民所共同接受。在讲文明、懂礼貌、相互尊重的原则基础上形成的完善的礼节形式,已为世界各国人民所接受并共同遵守。

随着国际交往地不断加深,不同国家、地区和社会集团所惯用的一些礼仪形式,逐渐形成了一些更加规范化、专门化的国际礼仪。现代礼仪兼容并蓄,融会世界各个国家的礼仪之长,使现代礼仪更加国际化,更加趋同化。

2. 民族性

俗话说"十里不同风,百里不同俗",礼仪作为约定俗成的行为规范,在拥有共性的同时,又表现出一种较为明显的民族、国别的差异性。

不同国家、不同民族的历史文化传统、语言、文字、活动区域,以及在长期历史过程中形成的心理素质特征不同,造成了各民族、各国家的礼仪都带有本国家、本民族的特点。

3. 传承性

礼仪是一个国家、一个民族传统文化的重要组成部分。它的形成和完善是历史发展的产物,一旦形成,便会长期沿袭、经久不衰。

4. 时代性

礼仪作为一种文化范畴,具有浓郁的时代特色。时代的特性和内容,往往决定了礼仪的内容和表现形式。同时,礼仪也是随着时代的发展而变化的。

五、现代礼仪的原则

1. "尊重"原则

荀子说:"礼者,敬人也。"在人际交往中,既要以尊重为前提,尊重对方,同时也要保持自尊。

拓展阅读1.5

日本著名企业家土光敏夫接管东芝电器公司后,为了摆脱公司每况愈下的困境,采用全新的管理方式,坚持每天上班比别人早半个小时,站在厂门口向工人问好。在生产流水线,他东摸摸、西碰碰,和员工面对面交流,倾听员工的意见和建议,在生产现场让员工认识他并接受他。工作之余,土光敏夫经常和员工一起吃饭,关心员工的衣食住行。日子一久,土光敏夫竟能说出所有员工的名字。员工十分感动,士气大振。东芝电器公司的生产很快走出困境,并有了快速发展。土光敏夫这种身先士卒的现场管理被称作"走动式管理"。

(佚名,尊重的力量,http://www.360doc.com/content/18/0208/21/3546016_728685217.shtml,2018-02-08 上传,2021年5月2日摘录)

2. "遵守"原则

礼仪作为一种维护共同利益的行为规范,每个人都有责任和义务维护并且共同遵守。各种类型的人际交往,都应当自觉遵守下列准则。

(1) 遵守公德。

社会公德是全体公民为维护正常生活秩序而共同遵循的最简单、最基本的公共生活准则。它能够直接反映出一个社会公民的礼节、礼貌、道德修养程度和水准。同时,社会公德是人类社会文明程度的重要标志。

(2) 遵时守信。

遵守时间、讲求信用是建立和维护良好社会关系状态的基本前提。

(3) 真诚友善。

在人际交往中,真诚友善是赢得对方信任和尊重的前提。

(4) 谦虚随和。

在人际交往中,虚心、不摆架子、不自以为是、不固执己见的人更容易被对方接受。

3. 适度原则

现代礼仪强调在人与人之间的交流与沟通中一定要把握度,在不同场合、面对不同对象,应始终不卑不亢、落落大方,把握好分寸。

4. 自律原则

交流双方要求对方尊重自己之前,首先应检查自己的行为是否符合礼仪规范的要求。应做到"严于律己,宽以待人",这样才能赢得别人的尊敬和好感。

5. 宽容原则

得饶人处且饶人,宰相肚里能撑船,生气是用别人的过错来惩罚自己,千万不要让有理变成"无礼"。

拓展阅读1.6

清朝康熙年间，桐城人张英官至文华殿大学士兼礼部尚书。他在桐城的家人因建房子与邻居发生矛盾，互不相让，邻居是桐城另一大户吴家，两家因院墙发生纠纷，张老夫人修书给张英，要他利用职权干预纠纷，张英见信深感忧虑，回复老夫人："千里家书只为墙，让他三尺又何妨？万里长城今犹在，不见当年秦始皇。"于是，张老夫人令家丁后退三尺筑墙，吴家很受感动，也很惭愧，也主动命家人把院墙后移三尺，于是便留出了"六尺巷"，从此，张、吴两府消除隔阂，成通家之谊，此典故也成为千古佳话（图1-2-1）。在我们的现实生活中，一些小节小事上，只要不违反大的原则，我们让人三尺又何妨？

图1-2-1 六尺巷

六、现代服务礼仪的概念

现代服务礼仪属于职业礼仪的一种，它是指在各种服务工作中形成的，并得到共同认可的礼节和仪式，是服务人员在对客服务中恰当地表示对客人的尊重和与客人进行良好沟通的技巧和方法。

七、民航服务礼仪的基本要求

在民航服务中，客人的需求除了物质条件（如舒适的座椅、可口的菜品、宽敞明亮的客舱）外，更重要的是在精神生活上的满足。民航服务中的无形服务是指接待人员的行为举止和言谈举止中的非物质方面的因素，主要表现在职业道德、工作态度、礼貌修养、心理因素等方面，提供优质的"无形"服务，以达到最有效的服务效果，并不是轻而易举的事情。

借用现代服务理念，在民航服务中，一流的服务人员应当做到："SERVICE"——全方位、高标准的要求。在英语中，服务为"Service"，有人认为，构成这个词的每一个字母，都代表着对接待人员的行为规范的一种要求。

"S"——Smile（微笑），其含义是接待人员应该对每一位宾客提供微笑服务。

"E"——Excellent(出色),其含义是接待人员应该将每一个程序、每一次微小的服务都做得很出色。

"R"——Ready(准备),其含义是接待人员应该随时准备好为宾客服务。

"V"——Viewing(看待),其含义是接待人员应将每一位宾客都看作是需要提供优质服务的贵宾。

"I"——Inviting(邀请),其含义是接待人员应该在每一次接待服务结束时,主动邀请宾客再次光临。

"C"——Creating(创造),其含义是每一位接待人员都应设法精心创造出宾客能享受到的热情服务的氛围。

"E"——Eye(目光),其含义是接待人员应始终以热情友好的目光关注宾客,思考宾客心理,预测宾客要求,及时提供高效的服务,使宾客时刻感受到接待人员在关心自己。

拓展阅读1.7

某老师带领学生们前往一个大公司参观,总经理是该老师的大学同学。总经理亲自接待不说,还非常客气。工作人员为每位同学倒水,席间有位女生表示自己只喝红茶。学生们坐在有空调的大会议室,大多坦然接受服务,没有半分客气。当总经理办完事情回来后,不断地向学生表示歉意,竟然没有人应声。当工作人员送来笔记本,总经理亲自双手递送时,学生们大都伸着手随意接过,没有起身也没有致谢。从头到尾只有一个同学起身,双手接过工作人员递过来的茶和总经理递来的笔记本时客气地说了声:"谢谢,辛苦了!"

最后,只有这位同学收到了这家公司的录用通知。有的同学很疑惑甚至不服"他的成绩并没有我好,凭什么让他去而不让我去?"老师叹气说:"我给你们创造了机会,是你们自己没抓住。"

拓展阅读1.8

一次,柬埔寨西哈努克亲王要离京回国,周恩来总理带着几位将军一起去送行。

到了机场后,西哈努克亲王登上飞机,从舷窗里冲着大家挥了挥手,飞机开始起飞了。这时,几位将军见送行的任务已经完成,纷纷向机场出口走去。

原来,当时在体育场正举行一场足球比赛——中国对印度尼西亚。这关系到中国队小组出线,非常重要,几位将军约好了要去看,此时见西哈努克亲王已经上了飞机,便迫不及待地开始往外走。

周恩来总理一看,赶紧让身边的人把他们叫回来,列队站好,等飞机在机场上空盘旋一圈,渐渐远去之后,周恩来总理这才转过身来,生气地问:"你们懂不懂外交礼仪?"

几位将军见总理生气了,都低着头不说话。

周恩来总理接着说:"好,我给你们再讲讲。给外宾送行时,不仅要把外宾送上飞机,还要等飞机起飞,因为按照外交礼仪,飞机起飞后,还要在上空盘旋一周,表示对这个地方的留恋和感谢。我们送行的人更不能离开,要等飞机飞远了……"

周恩来总理讲了足足有半个小时,这才停下,看了看表,说:"我知道你们是急着想去看球赛,但再急的事也不能忽视外交礼仪。我给你讲这么长时间,你们是不是觉得我在小题大做?我不是想当老师,而是故意让你们少看半场球,才能印象深刻。好了,下半场马上就要开始了,我们一起去吧。"

(马上华,周恩来:再急的事也不能忽视外交礼仪. http://zhouenlai.people.cn/n1/2020/0204/c409117-31570690.html?_t=950317b1581746446. 2020年2月4日,2021年5月2日摘录)

拓展

根据对以上资源信息的学习,结合自己搜集其他相关信息,分组讨论"我对礼仪的认识以及礼仪的训练方法",并以小组为单位画出思维导图,以加强对礼仪的掌握。

第二章 塑造妆容

妆容是指一个人的容貌,包括五官的搭配和适当的发型衬托。就一个人的整体形象而言,妆容是整个仪表的一个至关重要的环节,它反映着一个人的精神面貌、朝气和活力,是传达给接触对象感官最直接、最生动的第一信息。它既可以使人看上去精神焕发、神采飞扬,也可以使人看上去精神萎靡、疲倦、无精打采。

所以说,塑造良好的自我形象,首先应当考虑的就是妆容。

 小故事

东汉梁冀长得极丑,夫人孙寿却容颜娇艳,体态婀娜,且善做各种媚态。《后汉书·梁冀传》写道:"寿色美而善为妖态,作愁眉,啼妆,堕马髻,折腰步,龋齿笑,以为媚惑。"

"愁眉""啼妆"是把自己的眼化得像刚刚哭过后的楚楚动人模样;"堕马髻"是像刚刚从马背上摔下来,将发髻偏斜一边的样子;"龋齿笑"为牙疼时那样遮遮掩掩的笑;而"折腰步",孙寿大概是最下功夫的,走路时要装出腰肢细得要折断的样子,左右脚踩在两脚间的直线上,曲线的诱惑在摇晃中让人想入非非。

孙寿发明的一系列时尚行为让当时爱美的女性趋之若鹜,全洛阳城的时尚女性都开始争相模仿,一时间,洛阳城中到处行走着含悲含怨、梳堕马髻、害牙疼病、走"猫步"的女人。那些药店的大夫最初见到这些"女病人",以为来了生意,兴冲冲地上前招呼,却遭遇了白眼。大夫回家后,夫人教训医生:"你懂什么啊,人家这叫'时尚'!"说完便以身示范,走出"猫步",露出龋齿笑。

第一节 男士妆容

学习目标
(1)了解男士妆容的要求。
(2)能够按照要求整理自己的妆容。

一、发型

男士发型应讲究阳刚之美,前不遮眉、侧不遮耳、后不触领、不留鬓角、不剃光头、不染异色、不烫发、不留怪异发型、不追求时髦,要求干净整洁、端庄大方,不染发(图2-1-1)。

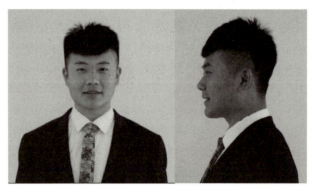

图 2-1-1　男士妆容

二、眼睛

眼睛是心灵的窗户。要做到无眼屎、无睡意、不充血、不斜视,眼镜端正、洁净明亮,不戴墨镜或有色眼镜。

三、面部

面部洁净无油渍,无明显粉刺,嘴唇保持润泽,饭后漱口,定期洁牙,会客时不嚼口香糖等食物。必要时使用口气清新剂,可使用淡雅香水。

胡子刮干净或修整齐,不留长胡子,不留八字胡或其他怪状胡子,不留大鬓角。

四、耳和鼻

耳朵内外要干净,没有毛发。鼻毛不能过长,因为过长的鼻毛,会有碍观瞻,可以用小剪刀修剪,不能用手拔,特别是当着客人的面。

痰、鼻涕一类的"杂物"应及时清理,清理时,要避开众人视线。为了保持鼻腔的卫生,切忌用手指挖鼻孔。

五、手部

要经常修剪和洗刷指甲。指甲的长度不宜超过手指指尖,且要保持指甲的清洁,指甲缝中不能留有污垢。

六、个人卫生

要做到勤洗澡,勤换衣袜,勤漱口,保持牙齿口腔清洁,身上不能留有异味。因为口腔有异味,是一件很失风范的事情。上班前不能喝酒,忌吃葱、蒜、韭菜等刺激性异味食物。每日早晨,可空腹饮一杯淡盐水,平时多以淡盐水漱口,能够有效地控制口腔异味。必要时,也可以嚼口香糖减少异味,但在他人面前嚼口香糖是不礼貌的,特别是上班时间和与人交谈时,更不应嚼口香糖。

另外,尽量不吸烟,不喝浓茶。因为长期吸烟和喝浓茶,牙齿表面会出现一层"烟渍"和"茶锈",牙齿变得又黑又黄。如果社交场合进餐后一定要剔牙,切忌当着别人的面剔牙,可以用手掌或餐巾掩住嘴角,然后再剔牙。

> 拓展阅读2.1

男士仪容注意事项

虽然男士一般不像女士那般爱美,但若不注意自己的形象,仍然会成为时代的"落伍者"。因为头发杂乱、衣着不整、眼神散漫是会影响其交际的。

那么,男士的形象要注意哪些方面呢?一般来说,男士要保持绅士般的形象也不是很难,注意以下几个方面的问题即可。

1. 身上不要有异味

男士的汗腺比较发达,出汗后身上会产生一些酸味,这会使人"敬而远之"。所以,刚出过汗的男士如有条件,应及时换上干净的衣服再往人群中"凑",或注意与他人保持一定的距离,也可以在腋下、胸前等易出汗的部位涂一点儿止汗香剂。吸烟的男士最好在与人交谈前应停止吸烟,注意不要过近地与人面对面谈话,吸烟后最好能嚼点儿口香糖等能去除烟味的食物。不少男士是汗脚,所以,男士应注意保持鞋的清洁,皮鞋最好有两双以上,可以换着穿。有口臭的人应养成一日刷三次牙的习惯,如一段时间之后仍有口腔异味,应去看医生。

2. 头发、胡须常清理

男士的头发和胡须很容易影响自身的美观,油腻脏乱的头发对精神面貌有很大的负面影响。男士应该每天都将自己的下巴刮得光洁平滑,这样看上去会更显年轻。

3. 别让脸上总是过于油腻

多数男士的脸比较容易出油,且易生出粉刺,因此要特别注重面部的清洁。可以选用男性洗面奶及吸油面纸等,每日早、晚各清洁一次,这样既清洁又护肤。

4. 精神面貌不容忽视

男士的形象与其精神面貌有很大的关系,如果外表各方面都处于最佳状态,但目中无光、神态不振,那么这个人的形象也谈不上好。所以,男士在精神面貌上要保持对生活的乐观和追求,少些抑郁忧愁,多些爽朗欢笑。

(佚名,男士需修饰的六个方面,https://wenku.baidu.com/view/2daaa7630b4e767f5bcfce58.html,2015-02-24上传,2021年5月2日摘录)

第二节 女 士 妆 容

> **学习目标**
> (1) 了解女士妆容的要求。
> (2) 能够根据需求进行化妆。

一、化妆概述

1. 化妆

化妆是人们利用工具与色彩描画面容,从面貌外形上改变形象的一种手法。从广义上来说,化妆是指对人的整体造型,包括面部化妆、发型、服饰等的改变。从狭义上来说,化妆只是针对人的面部修饰,即对面部轮廓、五官、皮肤作"形"和"色"的处理。

2. 化妆的作用

化妆为人们追求理想的美创造了良好的条件。在现代生活中,人们追求的美,应该是健康的美、科学的美。化妆的作用表现为美化容貌和增强自信两方面。

(1) 美化容貌:化妆的目的是美化自己的容貌。

(2) 增强自信:化妆在为人们增添美感的同时,也会为人们带来自信。化妆通过造成人的视错觉,而达到弥补不足的目的。

3. 化妆的基本原则

(1) 扬长避短:先找优点,把优点扩大,缺点加以略微修饰,让人不易察觉。

(2) 真实自然:不虚不夸,流露自己自然真实的一面。

(3) 突出个性:有自己的个人风格,不要千人一面,要塑造自己独特的形象风格。

(4) 整体协调:色调、外形、款式搭配和谐,塑造视觉柔和、清楚整齐的形象(图 2-2-1)。

图 2-2-1　女士妆容

4. 化妆的要点

化妆应当因时而异、因地而异、因人而异。女士生活化妆不宜浓妆艳抹,不宜追赶时尚妆容,应符合时间、地点、人物三要素。

5. 化妆的礼仪

在日常生活和工作中,每个人的修饰装扮、仪表风度、举止言谈都能构成每个人独特的外部形象,同时也反映其自身的修养与内涵。化妆是一种修饰美化艺术,不同的场合施以不同的装扮,才能使人们藏缺扬优,起到美化形象的作用。

女士化妆礼仪采用专用原则、修饰避人原则以及不以残妆示人的原则。

二、盘发

1. 方法一

(1) 先将头发扎成马尾。

(2) 将头发卷紧,向左绕。

(3) 向下绕,目的是盘成一个圆。

(4) 将发尾塞进盘好的髻中。

(5) 用发簪挑起一绺头发。

(6) 将发簪插进头发内的皮筋里。

(7) 成品。

(8) 也可将发簪另一端插出来,记得要压一绺头发在下面,这样盘得更紧(图2-2-2)。

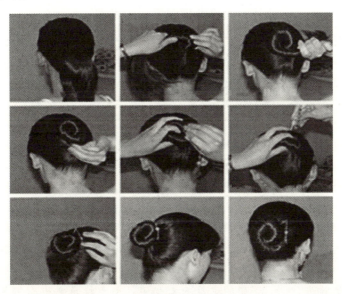

图2-2-2　女士盘头Ⅰ

2. 方法二

(1) 先将头发扎成马尾。

(2) 头发向左绕,用手把皮筋往上放一点,以免埋在头发里找不到了,图2-2-3中的皮筋原本是黑色的,为了大家看清楚,所以用画笔描成黄色。

(3) 头发再绕过来。

(4) 头发绕到了皮筋的位置。

(5) 把绕过来的头发塞到皮筋里面,即用皮筋把头发捆住。

(6) 捆过来的头发继续向左绕一圈,注意后面一圈的头发要在第一圈的后面绕,就是藏在第一圈的后面。注意图中左手食指拿住的是绕第二圈的头发,这时基本只剩个发尾了。

(7) 把这个发尾继续塞到这根皮筋里面,用皮筋把头发捆住。

(8) 成品(图2-2-3)。

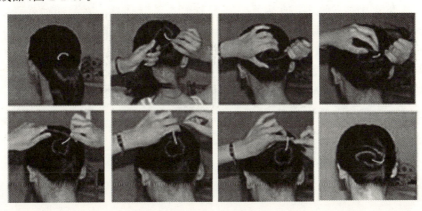

图2-2-3　女士盘头Ⅱ

拓展阅读2.2

不同脸型搭配不同的发型

发型是人体美的重要组成部分,是自然美与修饰美的结合。发型不仅反映着人们的物质文化生活水平,而且也体现了时代的精神风貌。发型的选择应与脸型、年龄、职业、性格、气质、爱好相符,同时也应与脸型相对应。

1. 长形脸

长形脸是指脸形比较瘦长,额头、颧骨、下颌的宽度几乎相同,但是脸宽小于脸长的三分之二。展示这种脸形的魅力,关键要使其具有华丽而明朗的表现力。华丽的表现要从视觉上缩短脸的长度,同时还可以表现出沉稳的气质。额前垂下刘海是很关键的弥补措施。

长形脸的人天生拥有难以言说的高贵气质,是古代贵族女性所喜爱的脸型。因为脸形长的人下巴较尖,两颊单薄,因而更显柔弱。因此,长形脸的人在选择发式时要适当加宽额头宽度,突出高贵气质。长形脸的人宜采用二八分发型或一九分发型。在发式选择上避免采用垂直长发或短发,宜选用蓬松式发式。尤其鬓边的头发厚度蓬松可以很好地掩盖脸颊的瘦长。

2. 方形脸

方形脸也就是额头、颧骨、下颌的宽度基本相同。由于棱角突出而不具备女性柔美,所以宜采用波浪形来弥补有棱角的感觉,突出脸部的竖线条,使脸形变成圆形或椭圆形。如果选择长发型,最好是将全发烫成柔软的大波浪,在脸周围形成松松的感觉。方形脸宜选用不对称的刘海,这样既可以破掉宽直的前额边缘线,同时又可增加纵长感。方形脸的人不宜留短发尤其是超短型的运动头。如果采用五五分发型,可减少宽度的视觉冲击。在鬓边留下自然上卷的发梢,两边对称。发尾宜前梳,覆盖住两面颊,可以掩盖下巴骨骼的突出。如果往后梳,尽量不要打薄,厚厚的发层能使两边脸颊显得纤弱。方形脸选发型的主要目的是尽量把下颌角盖住,不要使下颌角过于明显。一般头发不宜剪太短,也不宜剪太平直或中分的发型,这样会使脸形显得更方。头发要有高度,使脸变得稍长,并在两侧留刘海,缓和脸的方正。头发侧分,会增加蓬松感,头发一边多,一边少,营造鸭蛋脸的感觉。

3. 圆形脸

圆形脸和方形脸一样,都是额头、颧骨、下颌的宽度基本相同,最大的区别就是圆形脸比较圆润丰满,不像方形脸那么方方正正。

圆形脸适合垂直向下的发型或盘发。圆形脸的人最好选择头顶较高的发型,留一侧刘海,宜佩戴长坠型耳环。女生短发可以是不对称或是对称式的,侧刘海或者留一些头发在前侧吹成半遮掩脸腮,头顶头发吹得高一些。圆形脸的宽度和长度似乎一样,因此额前发际都比较低,耳部两侧较宽,脸部肌肉比较丰满,总给人一种胖乎乎、很孩子气的感觉。其实只需在头发上稍作处理,圆形脸即可以显长。刘海从发梢剪薄,体现出尖锐感为好。如果留长发,宜用中分缝,头发偏向两侧流下,使圆形脸具有成熟的感觉。圆形脸容易使人显得头重脚轻,适合的发型是两边削薄,挽到后脑,适当增加头顶发层的厚度,这样就能让脸显得长一些,增加稳重感,又不失甜美。

4. 正三角形脸

正三角形脸("由"字脸)在发式选择上,可综合方形脸和长形脸的缺陷掩饰方法,重点放在头顶及两鬓的加宽、下巴的掩盖上。由于正三角形脸有窄额头和宽下巴,对于这种脸形,在发型设计上应体现额部见宽,把太阳穴附近的头发弄得宽和高一点,以平衡下颌的宽度,尽量把刘海剪短一点,使额头看起来高一些,并且避免下巴附近头发太多,这款发式上半部有动感,下半部稳稳垂下,能在一定程度上纠正脸形的不均衡感。

(佚名,发型礼仪,https://www.doc88.com/p-89029965302530.html?r=1,2019-09-12 上传,2021年5月2日摘录)

拓展阅读2.3

关于发式的历史哲理故事

1. 孝道

《孝经》:"身体发肤,受之父母,不敢毁伤。"即哪怕是一根头发,也是父母给的,都不只属于自己,所以要珍惜自己的身体。古代人出生后剃胎发,必须留一块儿保护囟门。剃下的头发(包括胎发)要妥善藏好,不能轻易丢弃或给外人拿去。清代有种叫"发积"的器具,专作贮放余发之用。古代有一种今天看起来很独特的"髡刑",即去发,一般对不孝敬父母的人施刑,以示侮辱。此外,古时候人死后,必须由晚辈梳好头发入葬,孝子在守丧期则不准剃发,以表示对父母的哀悼之情。

2. 男女之爱的寄托

一些地方结发又被称为束发,古代男子自成童开始束发,因以指初成年。结发又含有成婚的意思。古时男女成亲时,一些地方有"束发托身"的礼俗,双方定下婚期后,男方要送庚帖,庚帖上写明姓名、生辰八字、籍贯等。女方回庚帖时,附上一束头发,用红头绳扎着,作为重要的定情信物。在成婚之夕,两个新人就床而坐,男左女右,洞房里妻子头上盘着的发髻,她自己不能解,只有丈夫才能解开。之后,再各自剪下自己的一绺头发,然后再把这两绺长发相互绾结缠绕起来,以誓结发同心、生死相依、永不分离。

3. 森严的等级制度

我们国家有许多地区把未成年的女子称为"丫头",在古代,大户人家的婢女也称为"丫头"。但在古时候,"丫头"的真正意思是指女子的一种头发梳理样式。在封建社会,侍奉主人的女子们的发型样式往往受到限制,把头发分别梳成左右对称的双髻翘在头顶上,就像一个分叉的"丫"字。平民百姓也常用此类简洁单一的发式。然而古代帝王的妃子们会精心梳理满头乌黑闪亮的秀发,花心思设计出变化多样、繁复华丽的发式,再装饰上珠宝和造型精致的配饰。所以,发型的流行在古代中国大都是自上而下推广的,甚至颁布规定,一至九鬟最尊贵的发式只能由贵族享有。周朝的统治阶级就制定了整套的贵族服饰礼仪和头饰规范来确定等级,不同的等级其发式及头饰是不同的。从一个人的发型头饰上就可以直接判断出其身份地位的高低。

(佚名,化妆与礼仪,https://max.book118.com/html/2016/0508/42273182.shtm,2016-05-09 上传,2021年5月2日摘录)

三、皮肤类型的分类

1. 干性皮肤

干性皮肤的肤色较白皙,肤质细腻,毛孔细小而不明显,皮脂分泌量少而无光泽,皮肤比较干燥,容易生细小皱纹。毛细血管表浅,易破裂。皮肤对外界刺激比较敏感。干性皮肤可分为缺水性和缺油性两种。前者多见于35岁以上人群,后者多见于年轻人。

2. 油性皮肤

油性皮肤的肤色较深暗,毛孔粗大,皮脂分泌量多,皮肤油腻光亮,不容易起皱纹,对外界刺激不敏感。由于皮脂分泌过多,容易生粉刺及暗疮,常见于青春期的年轻人。

3. 中性皮肤

中性皮肤是健康理想的皮肤,毛孔较小,皮肤红润细腻,富有弹性,对外界刺激不敏感。皮脂分泌量适中,皮肤既不干也不油,多见于青春期的女性。

4. 混合性皮肤

混合性皮肤是兼有油性与干性皮肤的特征。在面部的前额、鼻、口周、下巴等区域呈油性状态,眼部及两颊呈干性或中性状态。此类皮肤多见于25～35岁的人群。

5. 衰老性皮肤

衰老性的皮肤干燥、光泽暗淡,皮肤水分与皮脂分泌量缺少。皮肤的弹性与韧性减弱,出现松弛现象,面部皱纹、晒斑、老人斑等明显。此类皮肤多见于老年人。

6. 敏感性皮肤

敏感性皮肤不是一种皮肤类型,而是一种皮肤状况。有些皮肤无论是油性皮肤、干性皮肤或混合性皮肤都有可能容易过敏。敏感性皮肤较薄,对外界刺激很敏感。当受到外界刺激时,会出现局部红肿、刺痒等症状。

四、脸形识别

1. 面部组成

面部可以分为以下几个部分。

(1) 眉毛:眉头、眉腰、眉峰、眉梢。

(2) 眼睛:上睫毛线、内眼角、下眼睑、下睫毛线、上眼睑、眼。

(3) 鼻部:鼻根、鼻梁、鼻翼、鼻头。

(4) 嘴唇:嘴角、上唇、下唇、唇峰。

2. 认识脸形

(1) 圆形脸:适合带峰挑眉,面部两侧加暗色收紧,腮红适合斜形,竖着打,不适合横向晕染,适合长发。

(2) 方形脸:适合不带峰带弧度的挑眉,面颊两侧加暗影,腮红适合斜形,适合卷发。

(3) 长形脸:适合平眉,不适合挑眉,腮红适合横向,不适合斜形(过瘦长脸可用粉、橘红等立体色)。

(4) 三角形脸:适合四分之一平眉,眉可长些、挑些,上两侧提亮,下两侧收紧,适合短发。

(5) 倒三角形脸:适合四分之一挑眉,两边暗色,下巴提亮。

(6) 申字形脸:适合四分之一平眉,稍化离心眉,颧骨最高位加暗色,腮红在颧骨前稍斜一点。

(7) 国字形脸:额头偏窄,眉峰在三分之一以外一点(大于四分之一)。

(8) 鹅蛋形脸:面部的长与宽的比例为4∶3,前额宽于下颌,突起的颧骨柔顺地向椭圆的下巴尖细下去。

五、美的标准

1. 五官的标准比例

五官的标准比例通常是指"三庭五眼"距离相等。面部纵向地分为三庭,如果各庭之间长度不等,则需要利用化妆手段来修饰。

(1) 上庭是指从发际线至眉线。

(2) 中庭是指从眉线至鼻底线。

(3) 下庭是指从鼻底线至颏底线。

(4) 五眼是指在面部横向分为"五眼",以一只眼睛的长度为衡量单位,利用"五眼"的方法可以测量出两眼间的距离是否协调。

2. 三点一线

在修饰眉毛或画眼线时,三点一线的概念是非常重要的。三点一线即是由眉头、内眼角、鼻翼三点构成一条竖直线。

眉的长度与眉峰鼻翼至外眼角固定斜线的延伸处内即是标准的眉形长度。确定眉峰的位置时,沿眼球外侧的垂直线向上与眉的交点处为标准的眉峰位置。

当目光平视时,嘴的长度应在嘴角与瞳孔形成的垂直线内。在面部修饰中,嘴唇的大小很重要,要依据个人脸型来修饰。大脸型不适合画小嘴型,而小脸型也不适合画出大嘴型。要使面部和谐,可以用这条垂直线找出合适的嘴唇长度。

3. 肤色的类型

肤色在很大程度上决定着妆容的整体效果,化妆时应根据天然肤色确定肤色基调,从而选择适当的色调。

东方人的肤色色调主要有两大类。

(1) 黄色调:黄色调又分偏浅色调和偏深色调。偏浅色调的肤色比较苍白,以黄色为主;偏深色调的肤色偏深、偏暗。

(2) 红色调:红色调也分为偏浅色调和偏深色调。偏浅色调是淡粉红色肤色,红色以面颊最为显著;而偏深色调则是较深粉红的肤色,两颊的肤色同样较深。

六、化妆的原则

1. "扬长避短"原则

服务人员应当明确化妆的目的和作用是扬长避短、讲究和谐、强调自然美。面容化妆要根据工作性质、面容特征进行化妆。装束一定要讲究得体和谐,一味地浓妆艳抹,矫揉造作,只会令人生厌。要使化妆符合审美的原则,应注意以下几点。

(1) 讲究色彩的合理搭配。色彩要求鲜明、丰富、和谐统一,给人以美的享受。要根据自己的面部肤色选择化妆品。例如,女士一般希望面部化妆白一点,但不应化妆以后改变肤色,应与自己原有肤色恰当结合,才会显得自然、协调。因此,最好选择接近或略深于自己肤色的颜色,这样更符合当今人们追求的自然美。

(2) 依据脸型合理调配。例如脸宽者,色彩可集中一些,描眉、画眼、涂口红腮红都尽量集中在中间,以收拢缩小面积,使脸型显得好看。眼皮薄者,眼线描浓些会显得眼皮厚;描深些,会显得更有精神。涂抹腮红时,脸型长者宜横涂;脸型宽者宜直涂;瓜子形脸则应以面颊中偏上处为重点,然后向四周散开。

(3) 强调自然美。例如,眉毛天然整齐细长,浓淡适中,化妆时可以不描眉;脸型和眼睛形状较好的可不画眼。如果有一双又黑又亮的大眼睛和长长的睫毛,就没有必要对眼睛大加修饰,因为自然自有一种魅力。

2. 化妆的"3W"原则(When——时间;Where——场合;What——做什么)

不同场合化不同的妆容是得体形象的定位和诠释。在现代社交礼仪中,化妆是一个基本的礼貌,"素面朝天"并不会给人以好感,尤其在身体不适等情况下,素面可能只会真实表现你的憔悴,而精致的妆容方显你的美丽和对对方的重视和尊重。但是不分场合的浓妆也是不礼貌的,例如,正式商务签约场合时化前卫冷傲的妆容,会给人傲慢无礼、轻浮的印象,而在聚会中,淡妆得近于简朴,则又有缺少热情、不合群,有孤傲、藐视之嫌。

对于大多数女性来讲,妆容可以分为"基础妆"和"时尚妆"两种,基础妆是比较正统的、原则性的,适宜一些隆重的场合,突出个人的身份和格调。时尚妆则具备现代气息,包含"最新"的意思,一方面是前卫醒目,另一方面也带有个人冒险的性质,是纯粹享受化妆乐趣的选择。因此,不同场合应化相对应的妆容,才能显示你的教养和礼貌,为你的仪态加分。

化妆的浓淡并不是随意的,而是要根据不同的时间、季节和场合来选择。例如,工作的时间一般以化淡妆为宜。如果白天也浓妆艳抹,香气四溢,难免给人的印象欠佳。只有在娱乐时间、舞会、聚会时,不论浓妆还是淡抹都是比较适宜的。

化妆的浓淡还应当考虑场合问题。人们在节假日出门大多是要化妆的,但是在外出旅游或参加游乐活动时,最好不要浓妆,不然一旦出汗,你就会感到为难了。

3. 讲究科学性原则

选用化妆品

(1) 科学地选择化妆品。化妆品一般可分为美容、润肤、芳香和美发四大类,它们各有特点和功用,化妆时必须正确合理地选择和使用,避免有害化妆品。对待任何一种化妆品,都要先了解其成分、特点和功效,然后根据皮肤的特点,合理选择试用。经过一段时间后,把选用的化妆品相对固定。这样做既能起到美容的作用,又避免了化妆品对皮肤的伤害,以求自然美和修饰美的完美统一。

(2) 讲究科学的化妆技巧。在化妆时,若技巧出现了明显的差错,将会暴露出自己在美容素质方面的不足,从而贻笑大方。因此,民航乘务人员应熟悉化妆之道,不可贸然化妆。

4. 专用原则(即不可随意使用他人的化妆品)

专用原则主要是指两个方面:一是每个人的化妆盒都具有隐私性,未经他人同意就使用他人的化妆品便是侵犯别人的私人物品,是非常不礼貌的;二是出于健康考虑,随意使用他人的化妆品是非常不卫生的,极易导致皮炎。

5. "修饰避人"的原则

"修饰避人"是指不在公共场合化妆或补妆。在公共场合(尤其是在工作岗位上)化妆是极为失礼的。这样会给人不稳重的感觉,从而影响个人形象。

6. 不以残妆示人

残妆指出汗、休息或用餐之后妆容出现了残缺。长时间的脸部残妆会给人懒散、邋遢的感觉。所以,民航服务行业员工在工作期间不但要注意坚持化妆,而且要注意及时地进行检查和补妆。

七、化妆步骤

（1）观察化妆对象，确定化妆风格和适合的效果。
（2）洁肤、护肤并做必要的修饰，修剪面部过重的毛发，修眉，调整眼型。
（3）粉底：调和肤色，遮瑕。
（4）定妆：固定化妆效果，使妆面效果更持久。
（5）眼影：强调眼神，修饰和矫正眼型，起到美化的作用。
（6）眼线：矫正眼型，增强眼神。
（7）睫毛：增加眼部神采，调整大小眼，分为戴假睫毛和涂睫毛膏两步。
（8）眉：强调面部轮廓，调整脸型。
（9）鼻影：修饰鼻型，强调立体感。
（10）唇线：确定、修饰唇型，可矫正唇型（也可省略）。
（11）唇膏：修饰唇型，唇膏的色彩和眼影的色彩要有整体的效果。
（12）腮红：调整面部轮廓，增加立体感和调整肤色。
（13）检查整个妆面效果，做必要的修饰和调整。

化妆要求：干净、立体感好、对称、色彩协调，各个角度均完美，若能在达到基本要求的基础上，有一定的风格产生，将会更加完美。

简易化妆

拓展阅读2.4

色 彩 要 素

1. 色彩基本要素

色相：色与色之间的差别所在，也是色彩的相貌和特征。红、橙、黄、绿、蓝、紫是六种基本的色相。

明度：色彩的明亮程度，即色彩在明暗、深浅上的不同。它有两种含义。

（1）同一色相：同色之间的深浅变化。在同一颜色中加入不同程度的白或黑，也会使明暗度发生相应的变化。如在黄色中加入白色越多，明度越高、越亮，变成浅黄色；黑色越多，明度则越低、越暗，变成深黄色。

（2）不同色相：不同颜色的明暗程度也存在不同，如在六种基本色相中，明度由大到小排列为黄、橙、绿、红、蓝、紫。

纯度：色彩的纯净程度，又称为色彩的饱和度或纯粹度。它也有两种含义。

（1）同一色相：在同一颜色中加入不同程度的黑或白都会影响色彩的纯度，且加得越多，纯度会越低。如在红色中加入白色越多，纯度越低。

（2）不同色相：不同颜色存在不同的纯度，其中以原色的纯度最高，其次是间色，最后是复色。

2. 色性

色性，即色彩的冷暖属性，是指色彩给予人心理上的冷暖感觉。颜色的冷暖不是绝对的，而是在相互比较中显现出来的。一般来说，冷色系的色彩多带有蓝色，而暖色系的色彩多带有黄色。

3. 色彩搭配

同类色搭配：单纯、雅致、平静的效果，但有时也会感觉单调、平淡，如淡紫色和紫蓝色。

类似色搭配：视觉效果和谐，对比柔和，避免了同类色的单调感，如亮粉红与紫晶砂。

邻近色搭配：视觉效果既变化又和谐，是常用的色彩搭配，如橄榄绿和孔雀蓝。

对比色搭配：对比色在色环上跨度大，搭配起来色彩对比强烈，视觉效果醒目、刺激、具有冲击力，如金霞与紫晶砂。

互补色搭配：互补色组合具有最强烈、最刺激的视觉效果，如金霞与孔雀蓝。

冷暖色搭配：冷色在暖色衬托下更冷艳，暖色在冷色衬托下更温暖，如亮沙栗与紫水晶。

拓展阅读2.5

化妆工具怎么选

想要化好彩妆，除了选好化妆品外，化妆工具也是占据着非常重要的地位。一款好用的化妆工具能够让妆容更加服帖，底妆更均匀，上色的效果也更好。那么好用的化妆工具怎么选？在选择化妆工具上有哪些地方需要注意？

1. 海绵类

说到最基础的化妆工具，当然就是海绵了。不同形状的海绵适合多样的彩妆需要。常用的海绵主要有圆形平切边的、三角形的、水滴形的、长方形的、椭圆形的以及蛋形的。

（1）圆形类的海绵面积比较大，适合用于涂抹大面积的彩妆品。圆形平切边一般都比较紧，适合涂液状的化妆品。它的质地非常细腻、紧实，弹性在偏紧类的粉扑中占上风。因为它面积比较大，因此把它剪成4块或者6块，也是很方便的，又能代替边角型的海绵（图2-2-4）。

（2）三角形或者长方形等边角类型的海绵，比较适合涂抹脸上的一些细小位置，比如鼻翼两侧、嘴角等。三角形海绵弹性中等偏紧，适合用于粉状或者液状化妆品。三角形海棉拿着顺手，而且湿润后每次涂粉底液也不会吸收很多（图2-2-5）。

图2-2-4 圆形类的海绵

图2-2-5 三角形的海绵

（3）无论是水滴形海绵或者蛋形海绵，都是化妆师常推荐使用的产品。因为它既可大面积使用，又能够处理一些边角的位置。不管是涂粉底液，还是涂保养品，它们都是最好的形状（图2-2-6）。

2. 粉扑

粉扑一般都是用于涂抹散粉定妆的。关于粉扑的挑选需要根据散粉的质地选择。绒面的粉扑适合用于具有光泽的珍珠类散粉,假如要上哑光散粉的话,建议使用棉质的粉扑(图 2-2-7)。

图 2-2-6　水滴形化妆海绵

图 2-2-7　粉扑

3. 化妆刷

关于化妆刷的选择也是要根据不同位置的妆容进行调整的,关键在于刷毛的材质选择上。化妆刷各种各样,包括散粉刷、腮红刷、眉刷、蜜粉刷、粉底刷、眼线刷、眼影刷等(图 2-2-8)。

(1)脸部彩妆:蜜粉刷、腮红刷、粉底刷等。选择蜜粉刷要选择毛量适当、毛发卫生的山羊毛蜜粉刷,刷头的弹性很好,使用时会让使用者很愉快。腮红刷一定要毛质比较柔软的,能够在脸

图 2-2-8　化妆刷

上打造出柔和的感觉的比较好。粉底刷则是要偏硬、有弹性,刷毛密度要丰厚紧密,材质最好挑选貂毛或合成纤维的。

(2)眼部彩妆:眼影刷、眼线刷、眉刷等(图 2-2-9)。在选择眼影刷时注意毛质的柔软度,还有刷头的整齐度也很重要。可以准备几只大小不同的眼影刷,方便不同需要。眼线刷则要选择刷头比较娇小、毛质比较柔软的类型。眉刷最好能够挑选毛质柔软的斜面刷。

图 2-2-9　化妆用刷

拓展阅读2.6

男、女职场妆容要求

1. 化妆上岗、淡妆上岗

化妆与化淡妆，不是完全重合的两个概念。因为倘若对此不加深究，职场礼仪仅仅要求商务人员只要化妆就行，其后果有时会让人大吃一惊。

通常化妆有晨妆、晚妆、上班妆、社交妆、舞会妆、少女妆、主妇妆、结婚妆等多种形式，它们在浓淡的程度和化妆品的选择使用方面，存在一定的差异。要求职场人员在工作岗位上应当化淡妆，实际上就是限定在工作岗位上不仅要化妆，而且只宜选择工作妆这一化妆的具体形式。因此，有人将这一规定简洁地叫作"淡妆上岗"。

职场化妆礼仪要求化妆后的效果必须是：简约、清丽、素雅，具有鲜明的立体感。它既要给人以深刻的印象，又不容许显得脂粉气十足。总的来说，就是要清淡而又传神。

男士所化的工作妆，一定包括美发定型；清洁面部与手部，并使用护肤品进行保护；使用无色唇膏与无色指甲油，保护嘴唇与手指甲；使用香水等内容。

女士所化的工作妆，在此基础上，还要使用相应的化妆品略施粉黛、淡扫蛾眉、轻点红唇，恰到好处地强化可以充分展现女性光彩与魅力的面颊、眉眼和唇部。

2. 勿当众补妆

尽管职场人士的时间并不宽松，职场人士对自己的化妆应当认真对待、一丝不苟，但是这不等于职场人士可以随时随地化妆或补妆。

常常可以见到一些女士，不管置身于何处，只要稍有闲暇，便会掏出化妆盒，旁若无人地给自己补一点香粉，或涂两个唇膏，描几笔眉形。

她们珍惜自我形象这一点固然正确，但若当众"表演"化妆，尤其是在工作场合上当众这样做，则显得很不庄重，并且还会使人觉得她们对待工作用心不专。

3. 忌劣质芳香

职场化妆礼仪要求使用任何化妆品都不能过量，就芳香型化妆品，尤其是这一类型的代表香水而言，更应当牢记这一点。有些人不知化妆与为人处世一样，都要含蓄一些，才有魅力。

> **拓展**
>
> 根据本章所学的关于妆容的要求，能够根据自身实际，结合航空公司的要求，为自己设计妆容，并以小组为单位，互相检查，纠正改进。

第三章 雕琢仪表

仪表指一个人的外表,它是一个人整体形象的统称,除容貌、发型之外,还包括人的服饰、身体、姿态等。

 小故事

拜访的故事

张博是某市外办的一名干事。有一次,领导让他负责与来本市参观访问的某国代表团进行联络。为了表示对对方的敬意,张博决定专程前去对方下榻的饭店拜访。

为了避免出现的仓促,他先通过电话与对方约好了见面的时间,并且告之自己将停留的时间。随后,他对自己的仪容、仪表进行了修饰,并准备了一些本市的风光明信片作为礼物。

届时,张博如约而至,进门后,他主动向对方问好并与对方握手为礼,随后做了简要的自我介绍,并双手递上自己的名片与礼品。寒暄过后,他便直奔主题,表明自己的来意,详谈完后便握手告辞。

作为一名公务员,张博上述表现符合拜会的常规礼仪,展示了他训练有素的交际风采。

(佚名,拜访接待礼仪,https://wenku.baidu.com/view/e02515ae48649b6648d7c1c708a1284ac950054f.html,2019-03-14上传,2021年5月2日摘录)

第一节 仪表礼仪的基本要求

学习目标
(1) 掌握着装的基本原则。
(2) 掌握服装色彩的基本原理。

一、穿着的 TPO 原则

TPO 是西方人提出的服饰穿戴原则,分别是英文中时间(time)、地点(place)、场合(occasion)三个单词的首字母。穿着的 TPO 原则,即要求人们在着装时以时间、地点、场合三因素为原则。

1. 时间原则

时间是指每一天的早、中、晚三个时间段,也包括每年春夏秋冬的季节更替以及不同年

龄阶段。时间原则要求着装考虑时间因素,做到随"时"更衣。

例如,人们在家中或进行户外活动时,着装应方便、随意,此时可以选择运动服、便装、休闲服。而工作时间的着装则应根据工作特点和性质,以服务于工作、庄重大方为原则。

另外,服饰还应当随着一年四季的变化而更替变换,不宜标新立异,打破常规。例如,夏季应以凉爽、轻柔、简洁为着装原则,在使自己凉爽舒服的同时,让服饰色彩与款式给予他人视觉和心理上的舒适感。夏天,层叠皱折过多、色彩浓重的服饰不仅使人燥热难耐,而且一旦出汗就会影响女士面部的化妆效果。而冬季应以保暖、轻便为着装原则,既要避免臃肿不堪,也要注意保暖,防止为形体美观而着装太单薄的情况。

2. 地点原则

地点原则代表地方、场所、位置不同,着装应有所区别,特定的环境应配以与之相适应、相协调的服饰,才能获得视觉和心理的和谐美感。

例如,穿着正式的职业正装去娱乐、购物、休闲、观光,或者穿着牛仔服、网球裙、运动衣、休闲服进入办公场所和社交场所,都是不和谐的表现。

3. 场合原则

不同的场合有不同的服饰要求,只有与特定场合的气氛相一致、相融合的服饰,才能产生和谐的审美效果,实现人景相融的最佳效应。

例如,在办公室或外出处理一般类型的公务,服饰应符合一般的职业正装要求。

在庄重场合,如参加会议、庆典仪式、正式宴会、商务或外事谈判、会见外宾等隆重庄严的活动,服饰应当力求庄重、典雅,凡是请柬上规定穿礼服的,都应按要求着装。在国外,按礼仪规范,有一般礼服、社交礼服、晨礼服、大礼服和小礼服。在我国,一般以中山装套装、西服套装、旗袍等作为礼服。庄重场合,一般不宜穿夹克衫、牛仔裤等便装,更不能穿短裤或背心。

而且,正式场合应严格符合穿着规范。例如,男子穿西装,一定要系领带,西装里面穿有马甲的话,应将领带放在马甲里面。西装应熨得平整,裤子要熨出裤线,衣领袖口要干净,皮鞋锃亮等。女子不宜赤脚穿凉鞋,如果穿长筒袜,袜口不要露在衣裙外面。

二、穿着与形体肤色相协调

人的身材有高矮胖瘦之分,肤色有深浅之差,这是与生俱来的,是不能选择的,但可以选择服饰的质地、色彩、图案、造型工艺,以达到美化自己的目的。

例如,肥胖者穿横条衣服会显得更肥胖;身材矮小者适宜穿造型简洁、色彩明快、小花形图案的服装;脖子短的人穿低领或无领衣可以使脖子显得稍长。

另外,中国人的皮肤颜色大致可以分为白净、偏黑、发红、黄绿、苍白等几种,穿着也应与肤色在色彩上相协调。肤色白净者,适合穿各色服装;肤色偏黑或发红者,忌穿深色服装;肤色黄绿或苍白的人,最适合穿浅色服装。

三、服饰的色彩

1. 色彩的寓意

由于色彩的物理特质,常对人的生理感觉形成刺激,诱发人们的心理定式和联想等心理活动,色彩还具有某种社会象征性,许多色彩象征着某种性格、情感、追求等。例如,黑色,象征神秘、悲哀、静寂、死亡,或者刚强、坚定、冷峻;白色,象征纯洁、明亮、朴素、神圣、高雅、恬淡、空虚、无望等;黄色,象征炽热、光明、庄严、明丽、希望、高贵、权威等;大红,象征活力、热烈、激情、奔放、喜庆、福禄、爱情、革命等;粉红,象征柔和、温馨、温情等;紫色,象征高贵、华贵、庄重、优越等;橙色,象征快乐、热情、活动等;褐色,象征谦和、平静、沉稳、亲切等;绿色,象征生命、新鲜、青春、新生、自然、朝气等;浅蓝,象征纯洁、清爽、文静、梦幻等;深蓝,象征自信、沉静、平稳、深邃等;灰色是中间色,象征中立、和气、文雅等。

2. 色彩的特征。

(1) 色彩的冷暖。每种色彩都有区别于其他色彩的独特的感觉色味,通常把这种具有红、橙、黄、绿、青、蓝、紫等色味的色彩现象,称为色相。色彩因色相不同,可产生温暖或寒冷的感觉:使人有温暖、热烈、兴奋之感的色彩,称为暖色,如红色、黄色;使人有寒冷、抑制、平静之感的色彩,则称为冷色,如蓝色、黑色。

(2) 色彩的轻重。色彩的明亮程度,称为明度。不同明度的色彩往往给人以轻重不同的感觉。明亮的颜色感觉轻,使人有上升感。灰暗的颜色感觉重,使人有下垂感。

(3) 色彩的软硬。色彩显现出来的鲜艳程度,称为纯度。色彩的软硬与其明度和纯度有密切的关系。色彩明度和纯度越高,就越鲜艳纯粹,并给人以柔软、润滑的感觉,如浅黄、浅绿等。色彩明度和纯度越低,就越深暗,并给人以坚硬、朴实的感觉。

(4) 色彩的缩扩。色彩的波长不同,给人收缩或扩张的感觉就不同。一般来说,冷色、深色属收缩色,暖色、浅色则为扩张色。

3. 色彩的搭配方法

(1) 统一法,即配色时尽量采用一色系之中各种明度不同的色彩,按照深浅不同的程度进行搭配,创造出和谐的效果。它适用于工作场合和庄重的社交场合的配色。

(2) 对比法,即运用冷暖、深浅、明暗两种相反色彩搭配,可以在着装的色彩上反差强烈,静中有动,突出个性。适用于各种场合的着装配色。

(3) 呼应法,在某些相关的部位刻意采用同一种色彩,遥相呼应,产生美感。例如,男士穿西装,讲究鞋、皮带、包为同一色彩。

(4) 点缀法,即在采用统一法配色时,为了有所变化,在某个局部范围里,可以选用不同色彩加以点缀美化。

(5) 时尚法,在配色时,酌情选用正流行的某种色彩。

第二节 民航服务人员的制服

学习目标

(1) 了解男士西装的穿着标准。
(2) 了解女士套装的穿着标准。

一、男士西装

(一) 西装的款式

西装的款式可以分为欧式、美式、英式等。

(1) 欧式：剪裁得体，强调垫肩，肩部方正，后腰得体，突出男性的肩、胸，双排扣多，欧式西装更适合中国人形体，大方得体。

(2) 美式：宽松、不贴身，不成筒形，后中开衩，适合瘦高形身材。

(3) 英式：无垫肩或只有一点垫肩，腰部略有形状，有绅士格调和品位，大多单排扣。

在穿单排扣西服的时候，特别要注意，扣扣子时，一般两粒扣子的，只扣上面的一粒；若三粒扣子，则只扣上面的两粒，而最下面的一粒不扣。穿着双排扣西服的时候，则应扣好所有的纽扣（图3-2-1）。

图 3-2-1　男士西装

(二) 西装的衬衫

与西装配套的衬衫应为"正装衬衫"。一般来说，正装衬衫具有以下特征。

(1) 面料：应为高织精纺的纯棉、纯毛面料，或以棉、毛为主要成分的混纺衬衫。条绒布、水洗布、化纤布、真丝和纯麻皆不宜选。

(2) 颜色：必须为单一色。白色为首选，蓝色、灰色、棕色和黑色也可；杂色、过于艳丽的颜色（如红、粉、紫、绿、黄、橙等）有失庄重，不宜选。

(3) 图案：以无图案为最佳，有较细竖条纹的衬衫有时在商务交往中也可以选择。但是，切忌竖条纹衬衫配竖条纹西装或方格衬衫配方格西装。

(4) 领型：以方领为宜，扣领、立领、翼领和异色领不宜选。衬衫的质地有软质和硬质之分，穿西装要配硬质衬衫。尤其是衬衫的领头要硬实挺括，要干净，不能太软，若油迹斑斑，则最好的西装也会被糟蹋。

(5) 衣袖：正装衬衫应为长袖衬衫。

(6) 穿法应注意以下4点。

① 衣扣：穿西装打领带时，衬衫的第一粒纽扣一定要系好，否则松松垮垮，给人极不正规的感觉。相反，不打领带时，一定要解开，否则给人感觉好像忘记打领带似的。再有，打领带时衬衫袖口的扣子一定要系好，而且绝对不能把袖口挽起来。

② 袖长：衬衫的袖口一般以露出西装袖口以外1.5厘米为宜。这样既美观又干净，但要注意衬衫袖口不要露出太长，那样就是过犹不及了。

③ 下摆：衬衫的下摆不可过长，而且下摆要塞到裤子里。

④ 不穿西装外套只穿衬衫打领带仅限室内，而且正式场合是不允许的。

（三）领带

领带是男士在正式场合的必备服装配件之一，是男西装的重要装饰品，对西装起着画龙点睛的重要作用。所以，领带通常被称作"男子服饰的灵魂"。

（1）面料：质地一般以真丝、纯毛为宜，档次稍低点就是尼龙的了。绝不能选择棉、麻、绒、皮革等质地的领带。

（2）颜色：一般来说，服务人员尤其是酒店从业者应选用与自己制服颜色相称、光泽柔和、典雅朴素的领带为宜。不宜选用那些过于显眼或花哨的领带。所以，颜色一般选择单色（蓝、灰、棕、黑、紫色等）较为理想，多色的则不应多于3种颜色，而且尽量不要选择浅色或艳色。

另外，在涉外场合，与不同国家友人交往时应注意不同的礼仪。一般来说，与英国人交往时，不要系带条纹的领带。例如，阿拉伯人从来不戴绿色领带，荷兰人从来不戴橙色领带，法国人不戴红、白、蓝三色混合的领带。

（3）图案：领带图案的选择要坚持庄重、典雅、保守的基本原则，一般为单色无图案，宜选择蓝色、灰色、咖啡色或紫色，或者选择波点或条纹等几何图案。

（4）款式：不能选择简易式领带。

（5）质量：外形美观、平整、无挑丝、无疵点、无线头、衬里毛料不变形、悬垂挺括、较为厚重。

（6）领带的打法应注意以下6点。

① 注意场合。打领带意味着场合非常正式。

② 注意与之配套的服装。西装套装非打不可，夹克等则不能打。

③ 注意性别。为男性专用饰物，女性一般不用，除非制服和作装饰用。

④ 长度。领带的长度以自然下垂至最下端（即大箭头）及皮带扣处为宜，过长或过短都不合适。领带系好后，一般是两端自然下垂，宽的一端应略长于窄的一端，绝不能相反，也不能长出太多，如穿西装马甲，领带尖不要露出马甲。

⑤ 领带夹。领带夹有各种型号款式，它们的用法虽然各异，但功能却一致，都是固定领带。选择领带夹时，一定要用高质量的。质地粗劣的廉价品不但会损坏领带，而且会降低自己的身份。正确使用领带夹，要注意夹的部位。一般来说，对于五粒扣的衬衫，应将领带夹夹在第三粒与第四粒纽扣之间；六粒扣的衬衫，应夹在第四粒与第五粒纽扣之间。还有一条规则，就是系上西装上衣的第一粒纽扣时，尽量不要露出领带夹。

在西方，现在越来越多的白领人士不用领带夹，他们选择把领带窄的一端放到宽的一端背面的商标里。因为，无论多么高级的领带夹，使用不当时，都有可能损坏领带。

⑥ 打法：挺括、端正、外观呈倒三角形。

拓展阅读3.1

10种常见的领带打法图解

1. 平结

平结是最多男士选用的领结打法之一，几乎可适用于各种材质的领带。平结的要诀：领结下方所形成的凹洞需让两边均匀且对称（图3-2-2）。

图3-2-2　领带平结

2. 交叉结

交叉结是单色、素雅质料且较薄领带适合选用的领结打法，喜欢展现流行感的男士可多加使用"交叉结"（图3-2-3）。

图3-2-3　领带交叉结

3. 双环结

一条质地细致的领带再搭配上双环结颇能营造时尚感，适合年轻的上班族选用。该领结完成的特色就是第一圈会稍露出于第二圈之外，但不要刻意盖住（图3-2-4）。

图3-2-4　领带双环结

4. 温莎结

温莎结适合用于宽领型的衬衫，该领结应多往横向发展。打温莎结时应避免材质过厚的领带，但领结也不宜打得过大（图3-2-5）。

5. 双交叉结

双交叉结容易让人有一种高雅且隆重的感觉，适合正式活动场合选用。该领结应多运

图 3-2-5　领带温莎结

用在素色丝质领带上,若搭配大翻领的衬衫,不但适合且会有一种尊贵感(图 3-2-6)。

图 3-2-6　领带双交叉结

6. 亚伯特王子结

亚伯特王子结适用于浪漫扣领及尖领系列,衬衫搭配浪漫质料柔软的细款领带。正确打法是在宽边先预留较长的空间,并在绕第二圈时尽量贴合在一起,即可完成此一完美结型(图 3-2-7)。

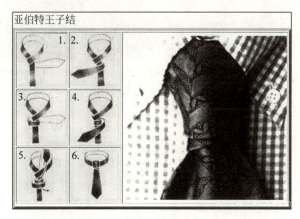

图 3-2-7　领带亚伯特王子结

7. 四手结

四手结也称为单结,是所有领结中最简单的,适用于各种款式的衬衫及领带(图 3-2-8)。

8. 浪漫结

浪漫结适合用于各种浪漫系列的领口及衬衫。完成后将领结下方的宽边压以褶皱,可缩小其结型,窄边亦可将它往左右移动,使其小部分出现于宽边领带旁(图 3-2-9)。

9. 简式结

简式结也称为马车夫结,适用于质料较厚的领带,最适合搭配标准式及扣式领口衬衫。其宽边以 180°由上往下翻转,并将折叠处隐藏于后方,待完成后可再调整其领带长度,是最常见的一种结形(图 3-2-10)。

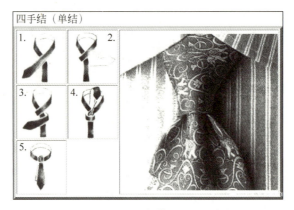

图 3-2-8　领带四手结

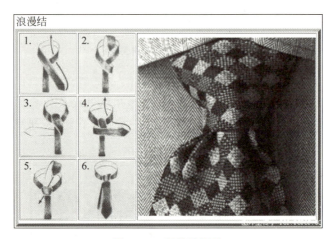

图 3-2-9　领带浪漫结

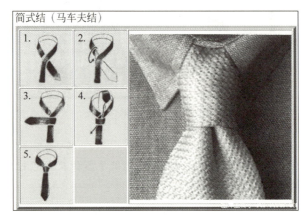

图 3-2-10　领带简式结

10. 十字结

十字结也称为半温莎结,此款结型十分优雅及罕见,其打法也较复杂,使用细款领带较容易上手,最适合搭配尖领式及标准式领口衬衫(图 3-2-11)。

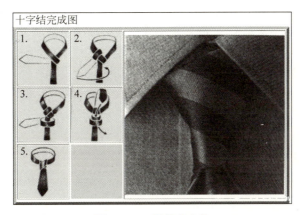

图 3-2-11　领带十字结

拓展阅读3.2

领带的由来

传说领带是由英国妇女发明的。因为那时候的英国人吃东西只吃猪肉和羊肉,吃的时候既不像中国人用筷子,也不像西方其他国家的人用刀叉,而是用手抓着大块大块地捧到嘴边去啃。一啃就把胡子弄脏了,他们就用袖子擦拭,这就给妇女带来了麻烦,因为她们经常要为男人洗衣服。为了应对男人们的这种行为,妇女们想出了一个办法,在男人的衣领下挂一块布,让他们擦嘴时使用。可是男人还是改不了用袖子擦嘴的习惯。于是,妇女们又想出了一个办法:在男人袖口前边缝上几个小石块。久而久之,衣领下面挂布块,两只袖口前面缝上石块,就成了英国男式上衣传统的附属物了。

后来,英国发展成为发达的资本主义国家,人们对衣食住行都很讲究,在给男人整理衣服时,妇女们舍不得将已形成传统习惯的两件"宝物"扔掉。于是,她们煞费苦心地想出了一个新招儿,将挂在衣领下的那块布改成系在脖子上的领带;将在袖口上钉石块改成了钉纽扣,又从前边移到后边。这样一改,就成了人人喜欢的装饰品,并逐渐成为了世界流行的式样。

(佚名,领带的由来,https://zhidao.baidu.com/question/29731278.html,2007-07-01 上传,2021 年 5 月 2 日摘录)

(四) 西裤

西裤的穿着有以下要求。

(1) 因西装讲究线条美,所以西裤必须要有中折线。
(2) 西裤长度以前面裤脚能盖住脚背,后面能遮住 1 厘米以上的鞋帮为宜。
(3) 不能随意将西裤裤腿挽起来。

(五) 皮鞋和袜子

1. 皮鞋

首先,穿整套西装一定要穿皮鞋,不能穿旅游鞋、便鞋、布鞋或凉鞋,否则会显得不伦不类。

其次,在正式场合穿西装,一般穿黑色或咖啡色皮鞋较为正规。但需要注意的是,黑色皮鞋可以配任何颜色的西装套装,而咖啡色皮鞋只能配咖啡色西装套装。白色、米黄色等其他颜色的皮鞋均为休闲皮鞋,只能在休闲的时候穿着。

2. 袜子

穿整套西装一定要穿与西裤、皮鞋颜色相同或较深的袜子,一般为黑色、深蓝色或藏青色,绝对不能穿花袜子或白色袜子。

(六) 西装的扣子

西装的扣子有单排扣和双排扣之分。单排扣有1粒、2粒、3粒三种;双排扣有2粒、4粒和6粒三种。

单排扣的西装穿着时可以敞开,也可以扣上扣子。通常,西装上衣的扣子在站着的时候应该扣上,坐下时才可以解开。单排扣西装的扣子并不是每一粒都要系好,单排扣1粒的扣与不扣都可以,但正式场合应当扣上;2粒的应扣上面的一粒,底下的一粒为样扣,不需要扣。对于2粒扣子的单排扣西装有这么一句话,可以帮助记忆扣扣子的规律:"扣上面一粒是正规,不扣是潇洒,两个都扣上是土气,只扣下面一粒是流气。"3粒扣子的西服扣上中间一粒,上下各一粒不用扣。

双排扣的西装要把扣子全扣上。双排扣西装最早出现于美国,曾经在意大利、德国、法国等国家很流行,不过现在已经不多见了。而现在穿双排扣西装比较多的应当数日本。

西装马甲的扣子有6粒扣和5粒扣之分。6粒扣的最底下那粒可以不扣,而5粒扣的则要全部都扣上。

(七) 西装的口袋

西装以直线为美。所以,虽然西装上面有很多口袋为装饰袋,但是不能够装东西的。男性会随身携带如钥匙、钱包等小物品,如果在穿西装时不注意,一个劲地往口袋里装,会弄得衣服鼓鼓囊囊,那么肯定会破坏西装的直线美感,这样既不美观,又有失礼仪。

上衣口袋。穿西装尤其强调平整、挺括的外观,要求线条轮廓清楚,服帖合身。这就要求上衣口袋只作装饰,不可以用来装任何东西,但可装折好花式的手帕。

西装左侧内侧衣袋,可以装票夹(钱夹)、小笔记本或笔等。右侧内侧衣袋,可以装名片、香烟、打火机等。

裤兜与上衣口袋一样,不能装物品,以求裤型美观。但裤子后兜可以装手帕、零用钱等。

需要注意的是,西装的上衣口袋和裤兜里,不宜放太多的东西。而且,把两手随意插在西装上衣口袋和裤兜里,也是有失风度的。如果要携带一些必备物品,可以装在提袋或手提箱里,这样不但看起来干净利落,也能防止衣服变形。

(八) 男士着西装"三个三"

1. 三色原则

正式场合,着西装套装全身上下不超过三种颜色。

2. 三一定律

男士穿着的西装,腰带、皮鞋、公文包应保持同一颜色:黑色(图3-2-12)。

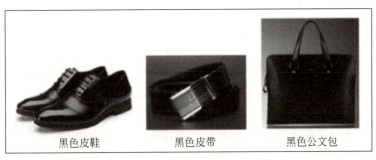

图 3-2-12　男士三一定律

3. 三大禁忌

穿西装有三大禁忌：西装左袖的商标没有撕掉；穿白色袜子、尼龙袜子出现在正式场合；领带的打法出现错误。

拓展阅读3.3

男士西装搭配技巧

银灰、乳白色西服，适宜佩戴大红、墨绿、海蓝和褐黑色的领带，会给人以文静、潇洒的感觉。

红色、紫红色西服，适宜佩戴乳白、乳黄、银灰、湖蓝和翠绿色的领带，以显示出一种典雅、华贵的效果。

深蓝、墨绿色西服，适宜佩带橙黄、乳白、浅蓝和玫瑰色的领带，给人一种深沉、含蓄的美感。

褐色、深绿色西服，适宜佩戴天蓝、乳黄和橙黄色的领带，会显示出一种秀气、飘逸的风度。

黑色、棕色的西服，适宜佩戴银灰色、乳白色、蓝色、白红条纹或蓝黑条纹的领带，这样会显得更加庄重大方。

（佚名,穿西服的注意事项,https://wenku.baidu.com/view/8f8372d5b14e852458fb5757.html,2010-12-26 上传,2021 年 5 月 2 日摘录）

拓展阅读3.4

男士腰带的注意事项

第一，需注意腰带的装饰性。有的男士喜欢在腰带上携挂手机等。这样会非常影响腰带的装饰性，看上去既不简洁，也不干练。第二，注意腰带的长度。腰带在系好后尾端应该介于第一个和第二个裤袢之间，既不要太短，也不要太长。第三，注意腰带的宽窄。腰带太窄显得不太阳刚，太宽的腰带只适合于休闲、牛仔风格。一般腰带宽窄应该保持在 3 厘米。还有，在系腰带的时候不要使腰带扣与拉链不在一条线上，否则可就要闹笑话了。

（佚名,穿西服的注意事项,https://wenku.baidu.com/view/8f8372d5b14e852458fb5757.html,2010-12-26 上传,2021 年 5 月 2 日摘录）

拓展阅读3.5

男士西裤

裤腰是西裤的灵魂。穿好裤子后，在自然呼吸的情况下不松不紧地刚好放得下一只手，就说明裤腰是合适的。如果伸不进去一个手掌那就是裤子瘦了。如果裤腰能伸进一个拳头就说明裤腰肥了。西裤的裤腰可修改的幅度是有讲究的,往小里改只能在5厘米之内,往大里改不能超过3.8厘米。如果超出这个范围,就会改变裤子原来的形状。

裤管也有讲究,裤管的中折线一定要笔直而自然地垂到鞋面,只有这样,中折线才能撑出裤管英挺的质感。裤子的长度从后面看应该刚好到鞋跟和鞋帮的接缝处。如果想让腿看起来更修长,那么裤管的长度也可以延伸到鞋后跟的二分之一处。

在生活中,男士一定不要从西裤和皮鞋之间露出一截白袜子。因为白袜子和浅颜色的纯棉袜子只适合运动休闲时穿。一般来说,男袜的颜色应该是基本的中性色,而且要比长裤的颜色深。袜子的颜色与西服的颜色相配是最时髦、最简洁的。另外,袜子的长度也要注意。太长的袜子会显得土气,太短的袜子会在你坐下时或一条腿搭在另一条腿上露出腿上部分皮肤。所以一般袜子的长度大约是在小腿以下的位置。

(佚名,穿西服的注意事项,https://wenku.baidu.com/view/8f8372d5b14e852458fb5757.html,2010-12-26上传,2021年5月2日摘录)

拓展阅读3.6

西装的保养方法

1. 取出口袋内的物品

回家后,立即换下衣服,取出口袋内的物品。如让口袋内添满东西而吊挂着,衣服很容易变形。

2. 经常清刷西装

尘污是西装的最大敌人,会使西装失去清新感,故须常用刷子轻轻刷去尘土,有时西装沾上其他的纤维或较不容易除去的尘埃,可以用胶带纸加以吸附。

3. 西装简易除皱

久穿或久放衣橱中的西装,挂在稍有湿度的地方,有利于衣服纤维从疲劳中恢复,但湿度过大会影响西装定型的效果。一般毛料西装在相对湿度为35%～40%的环境中放置一晚,可除去衣服皱纹。

4. 西装要用衣架吊好

吊挂西装最好是木质或塑胶做成的宽柄圆弧形西装专用衣架,这种衣架多被制成衣裤联合衣架,裤子吊挂可用衣裤联合衣架,也可用带夹子的西裤专用衣架,将裤线对齐,夹住裤脚,倒挂起来。

5. 西装的收藏

收藏西装前,先除去污垢或送干洗店干洗。干洗后用衣架吊好,口袋内放入除虫剂,套上塑胶套,收藏起来。收藏处最好是通风性良好、湿度低的地方。

6. 除去西装上的亮光

久穿的西装(尤其是光面面料),在肘部和膝部易产生亮光,可准备半盆清水,并往水中滴上几滴醋,把毛巾蘸湿后,用毛巾按一个方向擦几下,便可除去亮光。

7. 给西装打包

旅行时给西装打包的秘诀:首先,把口袋中的零钱、钥匙等杂物全都取出来。然后,将西装外套正面朝下放平。将左肩反折折向背中线(内里朝外);再将右肩反转出来,折向左肩,并将右手袖子顺入左手袖子中(右手的正面套入左手的内里)。自领口的部分开始,将衣服以三等分的方式折叠起来。最后仔细地将外套的内里顺好,再用一个干净的塑料袋包起来,就可以放入行李中了。要记住,西装是最后一件打包的衣物,必须放在最上面。到达目的地后,第一件事就是将西装取出,用衣架挂起来。

8. 注意事项

一套西装建议不要连续穿两天以上。高质量的西装大多是用天然纤维,如羊毛、蚕丝、羊绒等为原料。这类西服穿过后,因局部受张力而变形,但让它适当"休息",就能复原,所以,应准备两三套来换穿。

二、女士套裙

女士套裙分为两种基本类型:第一种为"随意型"套裙,即以女士西装上衣同随便的一条裙子进行自由搭配与组合;第二种为"成套型""标准型"套裙,女士西装上衣和与之同时穿着的裙子为成套设计制作而成的。严格地讲,套裙事实上指的仅仅是第二种类型(图3-2-13)。

套裙的款式可分为两件套、三件套两种。

(一)套裙的选择

(1)面料:女士套裙面料选择的余地要比男士西装大得多,宜选纯天然质地且质量上乘的面料。而且上衣、裙子、马甲要求同一面料。讲究均匀、平整、滑润、光洁、丰厚、柔软、悬垂、挺括,要求不仅弹性好、手感好,而且不起皱、不起毛、不起球。可选纯毛面料(薄花呢、人字呢、女士呢、华达呢、凡尔丁、法兰绒)、府绸、丝绸、亚麻、麻纱、毛涤、化纤面料,但绝对不可选皮质面料。

(2)颜色:以冷色调为主,以体现着装者典雅、端庄、稳重的气质,颜色要求清新、优雅而凝重,忌鲜艳色、流行色。

与男士西装不同,女士套裙不一定非要深色。各种加入了一定灰色的颜色都可选,如藏青、碳黑、烟灰、雪青、茶褐、土黄、紫红等。而且不受单一色限制,可上浅下深、下浅上深。但需要注意的是,全身颜色不应超过三种。

图 3-2-13　女士套裙

(3)图案:讲究朴素简洁,以无图案为最佳,或选格子、圆点、条纹等图案。

(4)点缀:不宜添加过多点缀,以免琐碎、杂乱、低俗、小气,有失稳重。有贴布、绣花、花边、金线、彩条、扣链、亮片、珍珠、皮革等点缀的不选。

(5)尺寸:包括长短和宽窄两方面。传统观点认为,裙短则不雅,裙长则无神。而欧美国家公司女职员认为:上衣不宜过长,下裙不宜过短。

目前,女士裙子一般有三种形式:及膝式、过膝式、超短式。白领女性超短裙裙长应不短于膝盖以上15厘米。

套裙的四种基本形式是上长下长式、上长下短式、上短下长式、上短下短式。

从宽窄的角度讲,上衣可分为宽松式、紧身式(倒梯形造型)两种,前者时髦,后者比较正统。

(6) 造型包括以下 4 种。

① "H"形。上衣宽松,裙子为筒式——让着装者显得优雅、含蓄。

② "X"形。上衣紧身,裙子为喇叭状——上宽下松突出腰部纤细。

③ "A"形。上身紧身,下裙宽松式——体现上半身的身材优势,又适当掩盖下半身的身材劣势。

④ "Y"形。上身宽松式,裙子紧身式(以筒式为主)——遮盖上半身短处,体现下半身长处。

(7) 款式:衣领多样,衣扣多样(无扣式、单排式、双排式、明扣式、暗扣式),裙子形式多样(西装裙、一步裙、围裹裙、筒式裙、百褶裙、旗袍裙、开衩裙、A 字裙、喇叭裙)。

(二) 套裙的穿法

(1) 大小适度:上衣最短齐腰,裙子可达小腿中部,袖长刚好盖住手腕;整体不过于肥大、紧身。

(2) 穿着到位:衣扣要全部扣好,不允许随便脱掉上衣。

(3) 考虑场合:商务场合宜穿,宴会、休闲等场合不宜。

(4) 协调妆饰:高层次的穿着打扮,讲究着装、化妆和佩饰风格的统一。

(5) 兼顾举止。

(三) 套裙的搭配

(1) 衬衫:面料应轻薄柔软(宜真丝、麻纱、府绸、罗布、涤棉),颜色应雅致端庄(宜白色,或单色不鲜艳者),无图案,款式保守。应注意:衬衫下摆放入裙内,纽扣系好,衬衫公共场合不能直接外穿。

(2) 内衣、衬裙:不外露、不外透、颜色一致、外深内浅。

(3) 鞋袜:皮鞋以黑色牛皮为首选,或与套裙颜色一致,但鲜红、明黄、艳绿、浅紫等不宜。袜子应为单色,肉色为首选,还可选黑色、浅灰和浅棕。

(四) 职业女性着裙装"五不准"

在商务交往中,职业女性着裙装有以下五个"不准"。

(1) 黑色皮裙不能穿。

(2) 正式的高级场合不光腿,尤其是在正式的仪式上。

(3) 袜子不能出现残破。

(4) 不准鞋袜不配套。

(5) 不能出现"三截腿"。

(五) 丝巾

丝巾是女人飘动的情绪,总在不经意间轻轻流露,每条丝巾、每种打法都反映着不同女士的不同心态和情怀。丝巾,一直是增添女性魅力最有效的装饰,柔亮光泽的巾身与女士细腻的皮肤相得益彰。

女士丝巾有两种,如图 3-2-14 和图 3-2-15 所示。

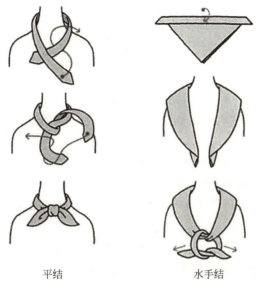

平结　　　　　　　　水手结

图 3-2-14　女士丝巾Ⅰ

图 3-2-15　女士丝巾Ⅱ

拓展阅读3.7

丝巾的保养

丝巾和人的皮肤一样也需要保养,否则丝巾很快就会变得皱巴巴,让丝巾历久弥新也不难,只需要注意以下几点。

(1) 不要固定在同一个位置上打结,因为这样很容易产生折痕,从而变皱,原本亮丽的光泽感就会荡然无存,所以不戴的时候最好用衣架将丝巾挂起来,或者将丝巾卷成圆柱状放到一个形状吻合的筒里面。

(2) 只要和皮肤接触就会碰到汗水,所以尽量让丝巾保持干燥是最佳的保养方法,而且不要让化妆品和香水跟它接触,更不能暴晒。

(3) 丝巾皱痕比较严重的时候就用蒸汽式的挂烫机烫一烫,使用时要在丝巾上面铺一层厚棉布,熨斗温度要低。

(4) 洗涤也有讲究,如果是珍贵的真丝和羊毛,干洗最适宜。普通面料的丝巾可以把洗衣液倒在清水里,用水把液体稀释,然后把丝巾泡到里面,不能用力搓,要用指腹轻轻揉,洗干净后往里面放点白醋或者柔顺剂,然后将丝巾用干净的毛巾包裹好挂在衣架上晾干。

拓展阅读3.8

小李和几个朋友相约周末一起聚会聚餐,为了表示对朋友的尊重,星期天一大早,小李就西服革履地打扮好,对照镜子摆正漂亮的领结前去赴约。八月的北京天气酷热无比,他们来到一家酒店就餐,边吃边聊,大家好不开心快乐。可是不一会儿,小李已是汗流浃背,只能不停地用手帕擦汗。饭后,大家要求打保龄球,在球场上,小李不断地为朋友鼓掌叫好,在朋友的强烈要求下,小李勉强站起来整理好服装,拿起球做好投球准备,当他摆好姿势用力把球投出去时,只听到"嘶"的一声,上衣的袖子扯开了一个大口子,弄得小李十分尴尬。

(佚名,不同场合的服饰,https://wenda.so.com/q/1372758199064711,2013-07-01上传,2021年5月2日摘录)

拓展阅读3.9

一天,黄先生与两位好友小聚,来到某知名酒店。接待他们的是一位五官清秀的服务员,接待服务工作做得很好,可是她面无血色,显得无精打采。黄先生一看到她就觉得心情欠佳,仔细留意又发现,这位服务员没有化工作淡妆,在餐厅昏黄的灯光下显得病态十足。上菜时,黄先生又突然看到传菜员涂的指甲油缺了一块,他的第一个反应就是"不知是不是掉到我的菜里了"。但为了不惊扰其他客人用餐,黄先生没有将他的怀疑说出来。用餐结束后,黄先生唤柜台内服务员结账,而她却一直对着反光玻璃墙面修饰自己的妆容,丝毫没注意到客人的需要。自此以后,黄先生再也没有去过这家酒店。

(佚名,服务员的妆容,https://wenda.so.com/q/1401254324502688,2015-06-15上传,2021年5月2日摘录)

第三节　民航服务人员的饰品

学习目标
了解饰品的佩戴原则和要求。

饰品是指能够起到装饰点缀作用的物件，主要包括服装配件（如帽子、领带、手套等）和首饰（如戒指、胸花、项链、眼镜等）两类。

一、首饰佩戴的基本原则

首饰佩戴的基本原则有以下六个。

1. 服务人员饰品佩戴总的原则

首饰的佩戴应符合身份，且以少为佳。

2. 数量原则

选择佩戴饰品应当是起到锦上添花、画龙点睛的作用，而不应是过分炫耀、刻意堆砌，更不可画蛇添足。对于服务人员，我们提倡不戴首饰，如果在特定场合需要佩戴，则数量上限不过三。

3. 质色原则

人际交往中，女士佩戴两种或两种以上的首饰，怎样表现出自己的品位呢？——"同质同色"，即质地色彩相同。

4. 搭配原则

首先，饰品的佩戴应讲求整体的效果，要和服装相协调。一般穿正式的服装时，才佩戴昂贵的饰品，服装轻盈飘逸，饰品也应玲珑精致，穿运动装、工作服时不宜佩戴饰品。

其次，饰品的佩戴还应考虑所处的季节、场合、环境等因素。这些因素不同，其佩戴方式和佩戴取舍也不同。如春秋季节可选戴耳环、别针，夏季选择项链和手链，冬季则不宜选用太多的饰品，因为冬天衣服过于臃肿，饰品过多反而不合适；上班、运动或旅游时以不戴或少戴饰品为好，只有在交际应酬的时候佩戴饰品才合适。

5. 扬长避短原则

饰品的佩戴应与自身条件相协调，如体形、肤色、脸型、发型、年龄、气质等。

6. 习俗原则

饰品佩戴要注意寓意和习俗。如戒指、手镯、玉坠等的佩戴。

二、饰品的佩戴细节

1. 佩戴戒指

戒指一般只戴在左手上，而且最好只戴一枚，最多两枚。戴两枚戒指时，要戴在左手两个相连的手指上，或左右手对应的手指上。

戒指的佩戴可以说是表达一种沉默的语言，往往暗示佩戴者的婚姻和择偶状况。通常，戒指戴在中指上，表示已有了意中人，正处在恋爱中；戒指戴在无名指上，表示已订婚或结婚；戒指戴在小手指上，则暗示自己是一位独身者；戒指戴在食指上，表示无偶或求偶。

2. 佩戴耳环

耳环也称耳坠，种类繁多。在一般情况下，它仅为女性所用，并且讲究成对使用，而且不宜在一只耳朵上同时戴多只耳环。

佩戴耳环时应利用人的视觉原理，根据个人脸型来选配，还要与服装的样式、面料和色彩相协调。

3. 佩戴项链

项链是戴于颈部的环形首饰，男女均可使用，但男士所戴的项链一般不宜外露且不应多于一条。佩戴项链应和自己的年龄及体型相协调，也应和服装相呼应。

4. 佩戴胸针、胸花、手帕

胸针、胸花、手帕也可作为饰品使用，可别在胸前、领口、襟头、西装前胸口袋。使用恰当，它们与服装相配既有对比美，又有协调美。

拓展阅读3.10

"空中小姐"称呼的来历

1930年6月的一天，在美国旧金山一家医院内，波音航空公司驻旧金山董事史蒂夫·斯迁柏生和护士埃伦·丘奇小姐在聊天。闲谈中，史蒂夫说："航班乘务工作十分繁忙，可是挑剔的乘客还是牢骚满腹，意见不断。"这时埃伦·丘奇小姐突然插话说："先生，您为什么不雇用一些女乘务员呢？女性完全可以胜任空中小姐这个工作呀！""空中小姐"这一新鲜的词使董事先生茅塞顿开。就在10天之后，埃伦·丘奇与其他7名女护士作为世界上第一批空中小姐走上了美国民航客机。空中小姐的兴起印证了第一次世界大战后商业飞机业的繁荣，而站在这一领域浪尖上的正是波音公司。

（佚名，20世纪航空巨头——波音，https://card.weibo.com/article/m/show/id/2309404471183599862010，2020-02-12上传，2021年5月2日摘录）

拓展阅读3.11

职场上应该注意个人的仪容仪表

仪表，即人的外表，包括容貌、举止、姿态、风度等。在政务、商务、事务及社交场合，一个人的仪表不但可以体现他的文化修养，也可以反映他的审美趣味。穿着得体，能赢得他人的信赖，给人留下良好的印象。相反，穿着不当、举止不雅，往往会损害他的形象。由此可见，仪表仪容也是一门艺术，它既要讲究协调、色彩，也要注意场合、身份。同时它又是一种文化的体现。

那么，在仪表方面我们应该注重些什么呢？

1. 协调

仪表的协调是指一个人的仪表要与其年龄、体形、职业和所在的场合匹配，表现出一种和谐，这种和谐能给人以美感。不同年龄的人有不同的穿着要求，年轻人应穿着鲜艳、活泼、随意一些，体现出年轻人的朝气和蓬勃向上的青春之美；老年人的着装则要注意庄重、雅致、整洁，体现出成熟和稳重。对于不同体型、不同肤色的人，就应考虑到扬长避短，选择合适的服饰。不同职业对于仪表的要求也有差异。例如,教师的仪表应庄重,学生的仪表应大方整洁,医生的穿着要力求显得稳重而富有经验。当然,仪表也要与环境相适应,在办公室的仪表与在外出旅游时的仪表当然不会相同。

2. 搭配

暖色调(红、橙、黄等)给人以温和、华贵的感觉,冷色调(紫、蓝、绿等)往往使人感到凉爽、恬静、安宁、友好,中和色(白、黑、灰等)给人平和、稳重、可靠的感觉,是最常见的工作服装用色。在选择服装外饰物的色彩时,应考虑到各种色调与肤色的协调,选定合适的着装、饰物。

3. 卫生

清洁卫生是仪容美的关键,也是礼仪的基本要求。无论外貌多么美丽,服饰多么华贵,若满脸污垢,浑身异味,那必然破坏一个人的美感。因此,每个人都应该养成良好的卫生习惯,做到入睡前起床后洗脸、脚,早晚、饭后刷牙,经常洗头、洗澡,讲究梳理勤更衣。不要在人前"打扫个人卫生",如剔牙齿、掏鼻孔、挖耳屎、修指甲、搓泥垢等,这些行为都应该避开他人,否则,不仅不雅观,也不尊重他人。与人谈话时应保持一定的距离,声音不要太大,不要对人口沫四溅。

(佚名,仪表礼仪注意点,https://wenku.baidu.com/view/98187438534de518964bcf84b9d528ea80c72fcd.html,2020-06-14 上传,2021 年 5 月 2 日摘录)

拓展

通过对以上资源信息的学习,以及持续地训练,能够选择符合自身条件的职业装,合理选择配饰,并以小组为单位互相检查、纠正改进。

第四章　训练仪态

仪态是指人们的行为举止,日常生活中的站、坐、走等姿态。它既依赖于人的内在气质的支撑,同时又取决于个人是否接受过规范和严格的体态训练。在人际沟通与交往过程中,它用一种无声的体态语言向人们展示出一个人在道德品质、礼貌修养、人文学识、文化品位等方面的素质与能力。

色不如态

明末清初,有一个叫李渔的人,此人年轻时终日以填词赋曲、赏玩游乐为业,还写出《闲情偶寄》一书。该书有一章专讲作者对女性的观点,从眉眼手足、穿着打扮到歌舞才艺,十分详尽。

书中说,女人姿色如何倒在其次,最要紧是要有"态",有媚态。何谓有态？"犹火之有焰,灯之有光,珠贝金银之有宝色"。这样的描述太炫,他给了两个例子,精彩生动,放到现在,也不过时。

其一,李渔替某有钱人选妾,见到不少盛装美女,都低头站着。李渔要求她们抬头,其中一个毫不羞涩,立马抬头；一个不肯,再三请求后才抬头；还有一个被要求后,对来人似看非看瞥了一眼,瞬间再安定地抬起头来,待人审视完,又似看非看一眼,再低下头去。而这第三个女子就有"态"。

其二,某年春,李渔出门,途遇骤雨,到一路边亭躲雨,不少踏青的女子也前来避雨。一群人,容貌各异,其中一位,三十出头(当时已经不算年轻了),一身白衣,装扮寒素。其他人都挤到亭中,独她一人在亭檐下徘徊,因为亭中已经落不下脚了。挤到亭中的人,都忙着抖落身上的雨珠,独她一人,任其自然,因为檐下雨滴不止,抖也无用,只显出狼狈的样子。雨停了,其他人都离开了,独她一人迟疑不去。果然,雨又下起来了,她只两步就返回了亭中,其他人也跑回来了,但已经不能再占据有利位置。女子虽然偶然猜中"天意",脸上仍旧淡淡的,并无得意之色。亭子里人站不开了,又有人站到了檐下,衣衫被打湿得更厉害,白衣女子反替她们拂衣服上的雨水。

李渔评论白衣女:"其初之不动,似以郑重而养态,其后之故动,似以徜徉而生态……其养也,出之无心,其生也,亦非有意,皆天机之自起自伏耳。"

李渔眼中的"态"并非人们常想的妩媚妖娆、忸怩作态,而是聪慧狡黠之态、活泼轻盈之态、得体娴雅之态,他眼中的美人不是年轻、艳丽的靓妆女,而是不失纯真本色的自然之女。

(鲍海英. 色不如态[EB/OL]. https://www.cnki.com.cn/Article/CJFDTotal-XUBL201404033.htm. 2020-06-14[2021-05-02].)

第一节　训练微笑

> **学习目标**
> （1）了解微笑的作用。
> （2）能够自然亲切地微笑。

人的感情是非常复杂的，表现在面部有"喜、怒、哀、乐"等多种形式，其中，微笑是社交场合最富有吸引力、最有价值的面部表情。它表现着人际关系中友善、诚信、谦恭、和蔼、融洽等最为美好的感情因素，所以它已成为各国人们都理解的心理性"语言"。

微笑具有一种魅力，它可以使强硬者变温柔，使困难变得容易，所以，微笑是人际交往中的润滑剂，是广交朋友、化解矛盾的有效手段，希尔顿酒店集团董事长康纳·希尔顿50多年里，不断地到设在世界各国的希尔顿酒店视察，视察中他经常问下级的一句话是："你今天对客人微笑了没有？"

微笑的功能是巨大的，但要笑得恰到好处，也是不容易的，所以，微笑是一门学问，又是一门艺术。"微笑"是不见金钱的资本、生意兴隆的法宝，是搞好优质服务的基本保证。

一、微笑的基本要求

1．掌握好微笑的要领

微笑的基本做法是不发声，肌肉放松，嘴角两端向上略微提起，面含笑意，使人如沐春风。

2．注意整体的配合

微笑应当与仪表和举止相结合。站立服务，双脚并拢，双手相握于身前或交叉于背后，右手放在左手上（图4-1-1），面带微笑，亲切、自然。

3．力求表里如一

训练微笑，首先要求微笑发自内心，发自肺腑，无任何做作之态，防止虚伪的笑。只有笑得真诚，才显得亲切自然，与你交往的人才能感到轻松愉快。要防止生硬、虚伪、笑不由衷。

4．目光——心灵之窗

与人交谈时，目光接触对方脸部的时间应占全部谈话时间的30%～60%。超过这一平均值，可认为对谈话者本人比谈话内容更感兴趣；低于这个平均值，表示对对方不感兴趣。

眨眼一般每分钟5～8次，眨眼时间如果超过1秒，则表示对对方的厌烦、不满，有藐视和蔑视的意思。在服务中，一定要避免使用这种眼光，否则会给

图4-1-1　微笑

旅客带来心理上的刺激。

视线停留在两眼与胸部之间的区域称为近亲密注视；视线停留在两眼与腹部之间的区域称为远亲密注视。服务过程中要谨慎运用这两种眼光，不要让旅客产生误会，甚至产生不良的影响。

在服务过程中的目光礼仪应是亲切、和蔼、可信的。使旅客对我们的服务感兴趣，愿意接受我们。

服务时无精打采、满面愁容，给旅客造成沉闷、压抑之感；如果服务时横眉冷对、瞪眼撇嘴，则会使旅客产生对立情绪；如若扬眉翘首、目中无人、高傲自大，更会使旅客与我们的关系疏远。以上种种现象，都严重影响服务质量，不利于民航发展，都应在禁止之列。

二、微笑的训练方法

1. 口眼结合法

第一步："念一"。因为人们微笑时，口角两端向上翘起。所以，练习微笑时，为使双颊肌肉向上抬，口里可念着普通话的"一"字音，用力抬高口角两端，但要注意下唇不要用力太大。

第二步：口眼结合。眼睛会"说话"，也会"笑"，如果内心充满温和、善良和厚爱时，那眼睛的笑容一定非常感人，否则强作眼睛的笑容是不美的。要学会用眼睛的笑容与顾客交流。

微笑训练
口眼结合法

眼睛的笑容，一是"眼形笑"，二是"眼神笑"，这也是可以练习的。可以取一张厚纸遮住眼睛下边部位，对着镜子，心里想着最使你高兴的情景，鼓起双颊，嘴角两端做出微笑的口型。这时，眼睛便会露出自然的微笑，然后再放松面肌，嘴唇也恢复原样，可目光仍旧含笑脉脉，这是眼神在笑。学会用眼神与客人交流，这样的微笑才会更传神亲切。

第三步：笑与语言结合。微笑着说"早上好""您好""欢迎光临"等礼貌用语。

日本的航空公司的乘务员，仅微笑这一项，就要训练半年。可见，冰冻三尺非一日之寒。每个员工都要在清晨起床后对着镜子冲自己来一个动人的微笑，念一声"一"，这不仅可作为一天的良好开端，也可以琢磨怎样的微笑才使客人看了舒服。

2. 口含筷子法

用上下门牙咬住一根筷子（最好粗细一致），露出8颗牙齿，在优美的音乐声中放松心情，找到绽放的感觉，注意眼睛和面部表情的配合。慢慢取下筷子，维持微笑的状态。先从坚持5分钟开始练习，逐渐到10分钟、20分钟。

微笑训练
口含筷子法

3. 嘴型的训练

（1）对镜子摆好姿势，像婴儿咿呀学语那样，说"E""G""钱"等，让嘴的两段朝后缩，微张双唇。轻轻浅笑，减弱发音的程度，这时可感觉到颧骨被拉向斜后方。重复动作，直到感觉自然为止。

（2）先把手举到脸前，手从嘴角向外做拉的动作，一面想象笑的形象，想象愉快的事情，一面照镜子。反复练习，使微笑自然。

（3）双手张开，掌心向内靠近脸部，手掌慢慢向上提，逐渐展开到脸的两侧，双眼一下子睁大，仿佛眼前豁然开朗，笑意盎然。

另外，要努力保持健康愉悦的心情，遇到困难以乐观的态度正确对待，这样才会笑得甜美，笑得真诚。同时，把自己比作一名出色的演员，当你穿上工作服走进岗位时，要清醒地意识到自己已进入角色，进入工作状态，生活中的一切喜怒哀乐全抛开。

总之，微笑服务是对由语言、动作、姿态、体态等方面构成的服务态度的更高要求，它既是对客人的尊重，也是对自身价值的肯定，它并不是一种形式，而关键是要建立起员工与旅客之间的情感联系，体现出宾至如归、温暖如春，从而让旅客开心。

拓展阅读4.1

第九次微笑

大学毕业那年，我应聘到广州一家很有名气的四星级涉外大酒店的餐饮部当服务员。试用期的基本工资为1500元，因此我十分珍惜这份来之不易的工作，一直表现得很出色。

谁知，就在结束试用期的前两天晚上，发生了一件意想不到的事。

那天晚上，有一位顾客要了一个房间，拒绝了其他的服务生，只要我为他调制一杯咖啡。当时，我正为其他几位贵宾服务，忙得脱不开身，等轮流到他时，已经迟到了20多分钟。我小心翼翼地把咖啡调好并送去，面带微笑地说："先生，首先感谢您对我的欣赏和信任。但由于暂时没能抽出身来，耽误了您的时间，我感到非常抱歉！"这位顾客并不领情，左手一扬，正好碰到我双手捧着的咖啡杯，咖啡溅了我一身。可他视而不见，指了指手表说："多长时间了？哼！就你这样服务，还是一个四星级酒店吗？"

我知道自己遇上麻烦了，接下来的时间里，我只能更加认真地为他服务。他要什么，我就给什么，且动作十分迅速，语言也尽量温柔细腻。尽管他一点儿也不合作，仍旧一副怒气冲冲、财大气粗、出口伤人的姿态，我都毫不介意，始终挂着一脸甜美的微笑。他说英语，我就用英语配合；他说粤语，我就用粤语交谈；他说普通话，我就用普通话与他沟通。尽管他的发音不准，产生了歧义，我都会把责任揽到自己身上，因为我知道，顾客永远是对的。

他的态度冷漠而傲慢，临走的时候还问："有意见簿吗？"我知道他还是不原谅我，要投诉我，如果遭到他的投诉，我这3个月来的努力全白费了！但是，出于职业道德，尽管内心十分委屈，但我还是表现得非常有礼貌，面带微笑地双手呈上意见簿并向他真诚地说："请允许我为您光顾我们酒店表示感谢，更为我的服务不佳再次表示深深的歉意。您有什么意见和看法请写上去，我会欣然接受您的批评。如果您还能给我一次机会，我一定能打动您。"

那位顾客听了我的话，久久不动。但我看见他冷冷的眼睛里绽出了一丝丝的暖意，但仅在几秒钟后，就消失得无影无踪了。他最终还是提起笔写下了他的意见，而且措辞十分严厉，指责我笨、素质低、不称职。

下班后，我把这一晚的遭遇向我的朋友讲了，她们都为我感到愤愤不平，要我把那位无情无义的顾客的意见撕了。其实那东西就是做给人看的，大家都是把顾客的表扬交上去，把顾客的意见撕了。如果我不那样做，第二天，也就是我试用期的最后一天，都没有上班的必要了,只等第三天的早会通知走人好了。

但是我没有。我反复思考了一个晚上,觉得撕掉顾客的留言是一种欺骗行为。不去上班也不行,只要没有宣布,我仍是酒店的员工,我就应该为酒店出一份力,做一份贡献。于是,第二天,我像什么事都没发生一样投入工作中去了。

第三天早会,我一直忐忑不安。餐饮部经理宣布的录用员工的名单中,果然没有我的名字。几十道目光齐刷刷地投在我的脸上,我满脸通红,泪水直在眼眶里打转。

就在大家都把目光投向我,我还没有回过神来的时候,经理又宣读了一份任命书,说是根据酒店总经理的特别提议,任命我为餐饮部的领班。

这是根据总经理的特别提议……我懵了,同事们都懵了。接着是响起雷鸣般的掌声。

早会后,餐饮部经理带我去见了酒店总经理,没想到,他就是那晚刁难我的顾客,不用说,他一定是听到我在酒店里不到3个月就好评如潮,特意来试探和考验我的。他说:"虽然你的综合素质表现得很不错,但真正能打动我的,还是你的微笑,那一脸甜美灿烂的微笑共出现了九次,特别是你的第九次微笑,那种毫不矫情的、纯真的笑,简直可以击退我最后一道冷漠的防线。当时,我真想把我的批评写成表扬,但是,我终于克制住了,再考验你一次又何妨?结果,你又得了满分,印证了你的微笑是多么的真实!"

结果,我只在这个领班的位置上锻炼了两个月,餐饮部经理调离,我就接替了他的位置。5个月,从服务员到经理,竟是那九次微笑改变了我的人生!如果每个人都能奉献出自己善良而真诚的微笑,我相信这个世界也将为之改变。

(佚名,第九次微笑,http://www.1010jiajiao.com/czyw/shiti_page_41787,2020-06-14 上传,2021 年 5 月 2 日摘录)

拓展阅读4.2

希尔顿的微笑服务

美国"旅馆业大王"希尔顿于1919年把父亲留给他的12000美元连同自己赚来的几千美元投资出去。开始了他雄心勃勃的经营旅馆生涯。当他的资产从1500美元奇迹般地增值到几千万美元的时候,他欣喜而自豪地把这一成就告诉了母亲。想不到,母亲却淡淡地说:"依我看,你跟以前根本没有什么两样……事实上你必须把握比5100万美元更值钱的东西——除了对顾客诚实,还要想办法使住过希尔顿酒店的人住过了还想再住,你要想出这样一种简单、容易、不花本钱而行之久远的办法去吸引顾客。这样你的酒店才有前途。"

母亲的忠告使希尔顿陷入迷惘:究竟什么办法才具备母亲指出的"简单、容易、不花本钱而行之久远"这四个条件呢?他冥思苦想,不得其解。最后他逛商店、串旅店,以自己作为一个顾客的亲身感受,得出了准确的答案——微笑服务。只有它才实实在在的同时具备四个条件。从此,希尔顿实行了微笑服务这一独创的经营策略。每天他对服务员的第一句话是:"你对顾客微笑了没有?"他要求每个员工无论如何辛苦,都要对顾客投以微笑,即使在旅店业务受到经济萧条的严重影响的时候,他也经常提醒员工记住:"万万不可把我们心里的愁绪摆在脸上,无论酒店本身遭受的困难如何,希尔顿酒店服务员脸上的微笑永远是属于旅客的阳光。"

为了满足顾客的要求,希尔顿"帝国"除了到处都充满着"微笑"外,在组织结构上,希尔顿也尽力创造一个尽可能完整的系统,以便成为一个综合性的服务机构。因此,希尔顿酒店除了提供完善的食宿外,还设有咖啡厅、会议室、宴会厅、游泳池、购物中心、银行、邮电局、花店、服装店、航空公司代理处、旅行社、出租车站等一套完整的服务机构和设施,使到希尔顿酒店投宿的旅客真正有一种"宾至如归"的感觉。当他再一次询问他的员工们:"你认为还需要添置什么?"时,员工们回答不出来,他笑了:"还是一流的微笑!如果是我,单有一流设备,没有一流服务,我宁愿弃之而去,住进虽然地毯陈旧,却处处可见到微笑的旅馆。"

(佚名,希尔顿的微笑服务,https://wenku.baidu.com/view/23c9ee19b7360b4c2e3f6447.html,2020-06-14 上传,2021 年 5 月 2 日摘录)

第二节　训练站姿

学习目标

(1) 了解站姿的规范要求。
(2) 能够展示各种站姿。

站立是人们生活中的一种最基本的行为之一。站姿是指人静态的造型动作,优美、典雅的站姿是发展人的不同动态美的基础和起点。优美的站姿能显示个人的自信,衬托出良好的气质和风度,并给他人留下美好的印象。

一、站姿的基本要求

头部要端正,目光平视正前方,下颌微微内收;颈部保持正直,双肩要平展,上体挺拔,腰部直立,呼吸自然;双臂自然下垂,贴于身体两侧,拇指内收,虎口向前,手指向下;收腹,提臀,两腿立正,双膝靠拢,并向上提膝;两脚后跟并拢,脚尖分开,呈 45°～60°夹角;脚趾抓地,重心移至双脚掌上(落在两脚之间);从侧面看,头部、肩部、上体与下肢应在一条垂直线上。

标准的站姿要形成三个对抗力:脚掌与头顶向两极延伸;臀部与腹部向中间夹紧;髋骨向上提,双肩向下沉。

二、女士常用站姿

1. 标准站姿

在遵守基本要求的基础上,两手手指自然并拢,双臂自然下垂于双腿两侧,双膝并拢,两腿绷直,脚后跟紧靠,脚尖并拢(图 4-2-1)。

2. 腹前握指式站姿

双手于腹前(肚脐以下约 2 厘米)重叠摆放,右手置于左手之上,右手轻轻握住左手,两大拇指收回掌心里,其余手指自然并拢、弯曲。双脚呈丁字步(以左脚脚跟为中心,向外打开 10°～30°,同时右脚脚跟贴向左脚脚心,向身体外侧打开 15°～30°,使两脚中间保持 60°的夹角)(图 4-2-2)。

女士标准站姿

腹前握指式站姿

女士腹前握指式站姿

3. 前搭式站姿

右手置于左手之上,手指自然并拢,拇指收回掌心里,双臂双手摆放略低于腹前握指式。双脚呈丁字步(图 4-2-3)。

图 4-2-1　女士标准站姿　　图 4-2-2　女士腹前握指式站姿　　图 4-2-3　女士前搭式站姿

三、男士常用站姿

1. 标准站姿

在遵守基本要求的基础上,两手手指自然并拢,双臂自然下垂于双腿两侧,双膝并拢,两腿绷直,脚后跟紧靠,脚尖并拢(图 4-2-4)。

2. 后背式站姿

男士跨立式站姿

双手在背后腰际相握,右手握住左手手腕,双膝并拢,两腿绷直,脚跟紧靠,脚尖并拢,或双脚平行不超过肩宽(图 4-2-5)。

3. 前搭式站姿

双手于腹前重叠摆放,右手握住左手手腕,手臂自然放松,不要挺腹或后仰,双膝并拢,两腿绷直,脚跟紧靠,脚尖并拢,或双脚平行不超过肩宽(图 4-2-6)。

 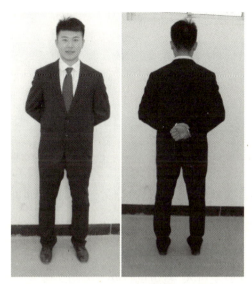 

图 4-2-4　男士标准站姿　　　图 4-2-5　男士后背式站姿　　　图 4-2-6　男士前搭式站姿

四、站姿的禁忌

站立时，切忌"东倒西歪"，无精打采地倚靠在墙上、桌子上；不能低着头，歪着脖子，含胸，端肩，驼背；不能将身体的重心明显地移到一侧，只用一条腿支撑着身体；在正式场合，不能将手叉在裤兜里面，切忌双手交叉抱在胸前，或是双手叉腰；男子双脚左右开立时，注意两脚之间的距离不可过大，不要挺腹翘臀。

五、站姿的训练方法

1. 扶把练习

双手扶把杆，双脚并拢，双膝夹紧，双脚立踵上提，停留 10 秒。重复练习 10 次为一组，共练 5 组。为增加夹紧的程度，两膝间可夹一物体，保持所夹物体不掉落，所夹物体的厚度可逐渐减薄。

这种方法可以让练习者体会正确站立时腿部收紧的感觉，形成良好的腿部用力方式。同时，对纠正"O"形腿有明显的效果。

2. 平衡练习

练习者按照正确的站立姿态站立，头上顶一本书，双膝关节夹一张纸，停留 5～10 分钟。这种方法可以让练习者充分体会正确身体姿态的身体感觉，锻炼身体的平衡与控制能力，从而形成优雅的站姿。

3. 靠墙练习

练习者把身体靠近墙面，使后脑、双肩、臀部、小腿肚、脚后跟充分接触墙面，停留 5～10 分钟。这种方法可以帮助练习者纠正头前倾、驼背等不良站姿。

4. 书本练习

保持正确的站姿，先在双膝之间夹一本书，然后头顶一本，最后在左、右

站姿训练方法

手臂各夹一本,以使站姿更加挺拔。

第三节　训练坐姿

学习目标
(1) 了解坐姿的规范要求。
(2) 能够正确展示各种坐姿。

坐姿文雅、端庄,不仅给人以沉着、稳重、冷静的感觉,而且也是展现自己气质与修养的重要形式。

一、坐姿的基本要求

入座时要轻稳。从座位的左边入,左边出。女士着裙装要先轻拢裙摆,然后入座。入座后上体自然挺直,挺胸,双膝自然并拢(男士可稍分开,不超过肩宽),双腿自然弯曲,双肩平整放松,双臂自然弯曲,双手自然放在双腿上或椅子、沙发扶手上,掌心向下;头正、嘴角微闭,下颌微收,双目平视,面容平和自然。坐在椅子上,应坐满椅子的三分之二,脊背轻靠椅背。离座时,要自然稳当。

二、女士常用坐姿

1. 标准式

身体的重心垂直向下,双腿并拢,大腿和小腿成 90°角,两脚内侧并在一起,脚尖朝前。双手虎口相交轻握放在两腿之间,挺胸直腰,面带微笑(图 4-3-1)。

图 4-3-1　女士标准式坐姿

女士标准坐姿

2. 后屈式

身体的重心垂直向下,双膝并拢,两小腿向后屈回,脚掌着地,双手虎口相交轻握,放在两腿之间,挺胸直腰,面带微笑(图 4-3-2)。

图 4-3-2　女士后屈式坐姿

女士后屈式坐姿

3. 前伸后屈式

身体的重心垂直向下,双膝并拢,左脚前伸,右脚后屈,右脚尖顶住左脚跟,双手虎口相交轻握,放在两腿之间,挺胸直腰,面带微笑(图 4-3-3)。

图 4-3-3　女士前伸后屈式坐姿

女士前伸后屈式坐姿

4. 前交叉式

身体的重心垂直向下,双腿大腿并拢,小腿在身体正前方交叉,脚尖向前,双手虎口相交轻握放在两腿之间,挺胸直腰,面带微笑(图 4-3-4)。

女士前交叉式坐姿　　　　　　　　　　图 4-3-4　女士前交叉式坐姿

5. 侧点式

身体的重心垂直向下,双腿并拢,大腿和小腿成 90°角,双脚向左或向右平行移动,使小腿向左或向右倾斜 45°,倾斜后保持两腿并在一起,脚尖点地。双手虎口相交轻握放在两腿之间,挺胸直腰,面带微笑(图 4-3-5)。

女士侧点式坐姿　　　　　　　　　　图 4-3-5　女士侧点式坐姿

6. 侧挂式

在侧点式的基础上,两腿重叠摆放,两脚脚尖绷直,前一只脚的脚尖收回至后一只脚的小腿后方。双手虎口相交轻握,放在处在上方的腿上,挺胸直腰,面带微笑(图 4-3-6)。

图 4-3-6　女士侧挂式坐姿

女士侧挂式坐姿

三、男士常用坐姿

1. 标准式

身体的重心垂直向下，双腿并拢，大腿和小腿成 90°角，两脚内侧并在一起，脚尖朝前。双手置于大腿靠近膝盖处，挺胸直腰，面带微笑（图 4-3-7）。

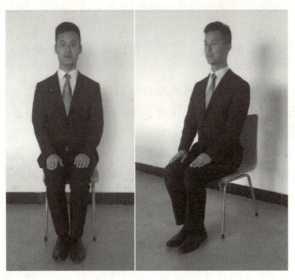

图 4-3-7　男士标准式坐姿

男士标准式坐姿

2. 分膝式

身体的重心垂直向下，两腿平行，两膝分开，与肩同宽，小腿与地面垂直，脚尖朝向正前方，双手放于大腿靠近膝盖处，挺胸直腰，面带微笑（图 4-3-8）。

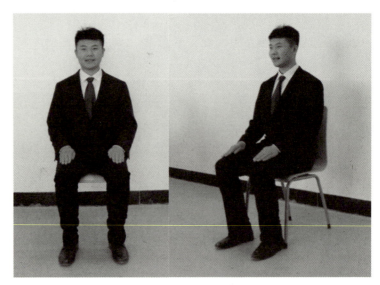

男士分膝式坐姿　　　　　图 4-3-8　男士分膝式坐姿

四、坐姿的禁忌

女士不能两膝分开。

和顾客一起入座或同时入座的时候,要分清尊次,一定要请对方先入座。一般讲究左进左出。

不要在别人面前就座时出现仰头、低头、歪头、扭头等情况。

一般要坐椅面的三分之二。避免把背部很舒适地靠在椅子上,让整个人陷在座位当中,因为这样会给人慵懒的感觉。

抖腿是很不礼貌的动作;不要跷二郎腿,也不要双手扣住膝盖不停晃动脚尖,这是一种傲慢无礼的表现。

双脚纠缠座位下方部位,容易让人判断为那是由不自信引起的局促不安。

绝对不要把双腿分开伸得很长,那样不仅让人认为这个人没有教养,还会让人产生这个人对我带有满不在乎态度的想法。

坐立和起立的时候一定要保持一种平稳的速度,否则会把座位弄响,引来别人的白眼。

千万不要坐立不安、左右晃动,这样会给人感觉缺乏个人修养。

五、坐姿的训练方法

1. 入座

以优雅、正确的姿势在座位前站好,注意与椅子间的距离不能靠太近,否则就会向后倒下,并且坐得太满;也不能离得太远,否则就会跌到地上了。右脚稍微向后撤,右小腿触及椅子以感觉椅子的存在。保持上身直立,慢慢放低身体。

如果穿的是裙装,在落座时要用双手手背从腰以下、臀以上处从上至下整理裙装,以防坐出褶皱或因裙子被打折坐住,而使腿部裸露过多(图 4-3-9)。

图 4-3-9　女士入座

2. 坐姿

上体直立,头正目平,嘴微闭,面带微笑;胸微挺,腰伸直;臀部坐在椅子中央,只坐椅子的三分之二部分,这样身体的重心刚好在大腿上面,可以稳定双腿(图 4-3-10)。

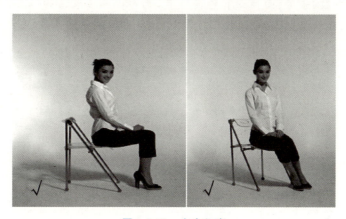

图 4-3-10　女士入座

3. 起立

起立时,右脚先向后收半步,然后站起,保持上体直立。

不同坐姿的心态

坐的动作和姿势多种多样。虽然不同的坐姿能够反映出不同的心理状态,但我们不应当把某种坐姿反映某种心理状态作为固定的模式。坐姿应当从人的生理因素、心理因素、社交因素等多方面出发,做出大致判断。

1. 猛坐与轻坐

在落座时,人不同的心境、不同的个性,其动作的大小、快慢、轻重各不相同。一般而言,同熟悉要好的亲友会面时,性格开朗的人,落座时动作会幅度大、速度快;同初次交往的人相会或会见尊长时,个性文静的人,落座时动作会小而轻缓。大喜大怒时,性格强悍、不拘小节的人,落座时动作会大而猛;悲怨沉思时,性格谨慎的人,落座时动作会小而迟缓。

以上落座形式,只是指一般情况而言。对于一个文化修养程度高、自控能力强的人,以上判断就不一定是准确的。所以观察对方落座动作,分析对方的心境、性格时,要考虑多种因素。我们自己在落座时,无论当时心境如何,个性如何,都应当从礼仪出发,善于自我控制,做到轻重适度,为自己塑造良好的形象。

2. 深坐与浅坐

与人交谈时,坐得靠后(深坐)或坐得靠前(浅坐),可以反映不同的心理状态和待人态度。深坐,表现出一定的心理优势和自信;浅坐,表现出尊重和谦虚;过分的浅座,则有自卑和献媚之嫌了。

3. 其他坐姿

有的人,在同要好的亲友交谈时,倒坐椅子,两臂扒在椅子背上,显得亲切、真挚、坦诚。当然仅限于这种场合。有的人喜欢将脚架放在桌子上,这种姿势是一个人放荡不羁、傲慢无礼的表现,令人望而生厌。有的人半躺半坐,形象颓废,甚至显得放肆,应当避免。在人体语言中,人的躯干、四肢、手势、面部五官各具特点,都可以作为表情的工具,显示出不同的心态。不过,在社交礼仪中,坐姿所起的作用更大些,所占位置更重要些,更应当重视。

第四节 训练走姿

学习目标

(1) 了解走姿的动作规范。
(2) 能够保持优雅轻盈、稳重自然的走姿。

一、走姿的基本要求

1. 总体要求

头正、肩平、躯挺、步幅适度、步速平稳、方向明确、重心放准、身体协调、造型优美。女士行走时,双脚内侧在一条直线上,优雅轻盈;男士行走时,双脚在两条平行线上,稳健流畅

(图 4-4-1 和图 4-4-2)。

图 4-4-1　女士走姿

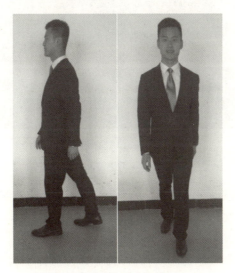

图 4-4-2　男士走姿

2. 具体要求

(1) 上体：后背挺直，挺胸，双肩平齐，舒展，收腹提臀立腰，双眼平视前方，嘴角上扬，面带微笑。

(2) 两臂：两臂以肩为轴，大臂带动小臂，前后自然摆动，前后摆臂不超过 30 厘米，手自然半握拳，手心相对。

(3) 腿部：大腿带动小腿，脚后跟落地迅速过渡到全脚落地，落地轻盈，两脚交替，重心略向前脚移送。

(4) 步幅：男士 40 厘米，女士 36 厘米，根据服饰调整，女士裙装时，应缩小。

(5) 步速：均匀稳定，每分钟 100～120 步。

(6) 步态：有韵律感，柔韧性，上体正直挺拔，步伐有力而富有弹性，双臂摆动轻松自如。

二、常见的走姿

1. 后退走姿

与人告别时,应当先后退两三步,再转身离去,退步时脚轻擦地面,步幅要小,先转身后转头。

2. 引导走姿

引导步是用于走在前边给宾客带路的步态。引导时要尽可能走在宾客左侧前方,整个身体半转向宾客方向,保持两步的距离,遇到上下楼梯、拐弯、进门时,要伸出左手示意,并提示请客人上楼、进门等(图4-4-3)。

图 4-4-3　引导走姿

3. 前行转身走姿

在前行中要转弯时,要在距所转方向较远的一脚落地后,立即以该脚掌为轴,转过全身,然后迈出另一脚。即向左拐,要右脚在前时转身,向右拐,要左脚在前时转身。

4. 穿高跟鞋的走姿

女士在正式场合经常穿着黑色高跟鞋,行走要保持身体平衡。具体做法:直膝立腰,收腹收臀,挺胸抬头。为避免膝关节前屈导致臀部向后撅的不雅姿态,行走时一定要把踝关节、膝关节、髋关节挺直,只有这样才能保持挺拔向上的形体。行走时步幅不宜过大,每一步要走实、走稳,这样步态才会有弹性并富有美感。

三、走姿的注意事项

1. 切忌身体摇摆

行走时切忌晃肩摇头,上半身左右摆动,给人以不稳重的印象,脚尖不要向内或向外,晃着"鸭子"步,或者弯腰弓背,低头无神,步履蹒跚,给人以压抑、疲倦、老态龙钟的感觉。

2. 双手不可乱放

工作中,无论男女,走路的时候都不可把手插在衣服口袋里,尤其不可插在裤兜里,也不要叉腰或倒背着手,因为这样不美观。走路时,两臂要前后均匀随步伐摆动。

3. 目光注视前方

走路时眼睛注视前方,不要左顾右盼、回头张望,不要总是盯住行人打量,更不要一边走路,一边指指点点地对别人评头论足,这不仅有伤大雅,而且不礼貌。

4. 脚步干净利索

走路脚步要干净利索,有鲜明的节奏感,不可拖泥带水,抬不起脚来,也不可重如打锤,砸得地动楼响。

5. 有急事莫奔跑

如果碰到有急事,可以加快脚步,但切忌奔跑,特别是在室内。

6. 同行不要排成行

多人在一起走路时,不要勾肩搭背,更不要互相嬉戏打闹。如果多人在一起走,不要排成行。

7. 走路要用腰力

走路时,腰部松懈会有吃重的感觉,且不美观,如果拖着脚走路,更显得难看。走路的美感产生于下肢的频繁运动与上体稳定之间所形成的对比和谐,以及身体的平衡对称。要做到出步和落地时脚尖都正对前方,抬头挺胸,迈步向前。穿裙子时要走成一条直线,使裙子下摆与脚的动作显出优美的韵律感。

四、走姿的训练方法

1. 分步骤练习——提、迈、落

(1) 提:行进时腿大腿向上提 45°,膝盖上提,脚尖向下。

(2) 迈:行进时腿以膝盖为轴,大腿保持不动,小腿向前伸长,脚尖稍离地。

(3) 落:行进时腿落地,后脚推前脚,重心前移。

2. 头顶书本训练

在练习走姿的基础上,要求学生头顶一本书,此练习可以纠正走路时身体摇摆或摇头晃脑的毛病。

3. 双臂摆动练习

身体直立,以两肩为支点,双臂前后自然摆动,摆幅在 10°~30°。此练习可以纠正双肩过于僵硬、双臂左右摆动不均或手臂不能自然摆动等毛病,使双肩摆动优美自然。

第五节 训练蹲姿

学习目标

(1) 了解各种类型的蹲姿。

(2) 能够正确地为顾客提供蹲式服务。

一、蹲姿的基本要求

下蹲拾物时,应自然、大方、得体,不遮遮掩掩;下蹲时,两腿合力支撑身体,避免滑倒;下蹲时,应低头、胸、膝关节在一个角度上,使蹲姿优美;无论采用哪种蹲姿,女士都要将腿靠紧,臀部向下。

二、女士常用蹲姿

1. 高低式蹲姿

下蹲时,双腿不并排在一起,而是左脚在前,右脚稍后。左脚应完全着地,小腿基本上垂直于地面;右脚则应脚掌着地,脚跟提起。此刻右膝低于左膝,右膝内侧可靠于左小腿的内侧,形成左膝高右膝低的姿态。臀部向下,基本上用右腿支撑身体(图4-5-1)。

女士高低式蹲姿

图 4-5-1 女士高低式蹲姿

2. 交叉式蹲姿

女士交叉式蹲姿

交叉式蹲姿通常适用于女性,尤其是穿短裙的人员,它的特点是造型优美典雅。基本特征是蹲下后腿交叉在一起。这种蹲姿的要求是:下蹲时,右脚在前,左脚在后,右小腿垂直于地面,全脚着地,右腿在上,左腿在下,二者交叉重叠;左膝由后下方伸向右侧,左脚跟抬起,并且脚掌着地;两脚前后靠近,合力支撑身体;上身略向前倾,臀部朝下(图4-5-2)。

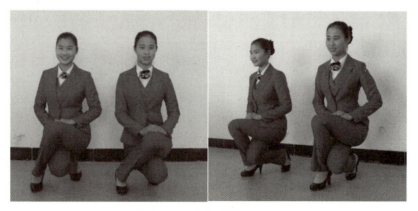

图 4-5-2 女士交叉式蹲姿

三、男士常用蹲姿

男士一般选用高低式蹲姿,下蹲时,双腿不并排在一起,而是左脚在前,右脚稍后。左脚应完全着地,小腿基本垂直于地面;右脚则应脚掌着地,脚跟提起。此刻右膝低于左膝,右膝内侧可靠于左小腿的内侧,形成左膝高右膝低的姿态。臀部向下,基本上用右腿支撑身体(图 4-5-3)。

图 4-5-3　男士高低式蹲姿

四、蹲姿的禁忌

下蹲时,不要突然下蹲;不要距人过近;不要方位失当,在他人身旁下蹲时,应侧身相向;不要毫无遮掩;不要蹲在椅子上;不要蹲着休息。

五、蹲姿的训练方法

1. 防止含胸体前倾

下蹲的过程中,始终保持上身直立的状态,脊背保持挺直,同时挺胸抬头。

2. 防止双腿无控制

下蹲的过程中,让双腿、膝盖始终保持并拢的状态,蹲下去后,一条腿的膝盖内侧靠于另一条腿的小腿内侧,形成高低的姿势。

3. 防止下蹲臀朝后

下蹲的过程中,保持臀部向下的姿态,做到有控制地下移重心。蹲下后,两腿有控制并合力支撑身体,身体直立垂直于地面。

4. 防止走光

蹲姿时,注意内衣不可以露、不可以透,否则就是最不雅、失礼的地方。

第六节　训练手势

学习目标

(1) 了解各种服务手势。

(2) 会根据服务情境,正确使用各种手势。

一、手势的基本分类

在体态语言中,手势是十分重要的语言。手势能表达很多种意思,有时候是一些方向的指示、情谊的传递,有时候能够显露我们真实的心境,甚至也是一种精神上的象征。

1. 情谊手势

情谊手势表达动作者的表情,使其内涵丰富、寓意深刻。如鼓掌、挥手、伸大拇指等。

2. 象征手势

象征手势表示某种抽象的物品,且他人可以理解。如宣誓、敬礼等。

3. 形象手势

在交往中模拟某种物体,给人一种具体、形象的感觉。如表示"请给我一杯水"。

4. 指示手势

指示手势是指示具体的某项行为和事情的手势。如表示"请看屏幕提示"。

二、几种常见的手势

1. 横摆式

横摆式手势礼微课

女士行礼时,以腹前握指式站姿为起始姿态,目视来宾,面带微笑,右手五指并拢,从腹前抬起,至横膈膜处,然后以肘关节为轴向右摆动,到身体右侧稍前位置,手心向上与水平面成45°角,手指伸展,手臂伸开呈135°弧线。头部和上身稍微向右侧倾斜,眼神与手臂的运动保持一致,避免手臂僵直和耸肩。左手自然垂下(图4-6-1)。

男士行礼时,以标准站姿为起始姿态,其他同上。

横摆式手势演示

2. 双臂横摆式

面对人数较多时,表达"请"的意思,可采用双臂横摆式。具体如下。

面向他人时,双手由腹前抬起,双手重叠,手心向上,同时向身体两侧摆到身体的侧前方,上身稍前倾,微笑。行进方向一侧的手臂略高一些(图4-6-2)。

图 4-6-1 横摆式手势

图 4-6-2 双臂横摆式手势

侧向来宾时,双手从体前抬起,同时向一侧摆动,两臂之间保持一定距离。

3. 曲臂式

以右手为例,从身体的右侧前方,由下向上抬起,上臂与身体成45°时,以肘关节为轴,小臂向左侧摆动,距离身体20厘米处停住。掌心向上,五指并拢,指尖指向左方,视线随顾客由右方转向左方(图4-6-3)。

图4-6-3　曲臂式手势　　　　　　　　　曲臂式

4. 直臂式

右手向前抬起至与肩同高,前臂伸直,用手指向来宾要去的地方(图4-6-4)。

图4-6-4　直臂式手势　　　　　　　　　直臂式

5. 斜臂式

请他人就座时,一只手从体侧向前抬起,从上向下摆动到与身体成45°角,再向下摆动,使大小臂形成一条斜线,掌心向前(图4-6-5)。

6. 介绍手势

为他人做介绍时,手势动作应文雅。无论介绍哪一方,都应手心朝上,手背朝下,四指并

图 4-6-5　斜臂式手势

拢,拇指张开,手掌基本上抬至肩的高度,并指向被介绍的一方,面带微笑(图 4-6-6)。注意在正式场合,不可以用手指指点点或去拍打被介绍一方的肩和背。

7. 招手式

向远距离的人打招呼时,伸出右手,右小臂伸直高举,掌心朝着对方,轻轻摆动(图 4-6-7)。但不可向上级或长辈招手。

图 4-6-6　介绍手势

图 4-6-7　招手式手势

8. 鼓掌

向他人表示赞赏、鼓励、祝贺、欢迎等情感时,可用鼓掌。鼓掌时,两臂抬起,用合拢的右手四指轻拍左手掌中部,节奏要平稳。同时,姿态要端正,并伴以微笑。鼓掌时间长短要适宜,视具体情况而定(图 4-6-8)。

图 4-6-8　鼓掌

三、手势的注意事项

一般认为,掌心向上的手势有一种诚恳、尊重他人的含义;掌心向下的手势意味着不够坦率、缺乏诚意等;伸出手指来指点是要引起他人的注意,含有教训人的意味。因此,在引路、指示方向等时,应注意手指自然并拢,掌心向上,以肘关节为支点,指示目标,切忌伸出食指来指点。

需要特别注意的是,在任何情况下,都不要用拇指指着自己或用食指指点他人,用食指指点他人的手势是不礼貌的行为,食指只能指东西物品。谈到自己时应用手掌轻按自己的左胸,这样会显得端庄、大方、可信。

四、手势的训练方法

在训练各种礼仪手势时,可以在老师指点、互相指正、对镜自查等前提下,在明确了某种手势的标准姿势后,记住身体的骨骼和肌肉定位点,通过反复训练,强化各种手势的规范姿态。

拓展阅读4.3

各种手势一览

1. 竖大拇指余指握拳

大多数是表示自己对某句话或某件事的欣赏;也表示对他人举动的感谢,感谢他为你所做的事;也表示准备妥当。例如,篮球比赛时裁判会一手执球一手竖大拇指表示一切就绪,比赛可以进行了,这是源自飞机驾驶员在飞机升空待发时,由于引擎声音巨大无法与地勤人员沟通,于是就竖大拇指的方式表示:I am ready(我已经准备好了)!在英国、澳大利亚、新西兰等国,翘大拇指代表搭车,但如果大拇指急剧上翘,则是侮辱人的信号。

2. 食指刮下巴

以食指背刮下巴,犹如刮胡子一般,这是法国人特有的手势,女性对不喜欢的追求者表示拒绝时常用。这个动作原始意思就是令人厌烦的,因为在法语中剃刀与厌烦同义,所以巧妙地以剃刀表达了自己不喜欢之意。

3. "V"字形手势

这也早已成为"世界语"了,源自英国,因为"V"字形在英国代表胜利Victory,所以用"V"来表达胜利的欢欣,用此手势时需以手指背向自己。但在希腊用此手势则必须把手指背向对方,否则就表示侮辱、轻视对方之意。

4. 耸肩

耸肩在美国最流行,表示无能为力、无可奈何以及爱莫能助的意思,搭配着瞪大眼睛,双手一摊的附加动作,更为传神。

5. OK手势

毫无疑问这也是"世界语"了,以英语字母O与K连接而成,表示没问题,准备妥当,一切就绪;也有我很好、没事、谢谢你的关心之意。

6. 暂停手势

一般情况下用的人比较多,右手平放,左手伸出一个手指顶在右手手心。

7. 在国外可能给你惹麻烦的手势

(1) 竖大拇指

在美国,竖起拇指表示"干得好",搭便车的旅行者也会经常用到。但不要在希腊、俄罗斯、撒丁岛或非洲西部使用,因为在这些地区,该手势含有"滚开"的意思。

(2) 代表胜利的手势"V"

在美国,许多人用这个手势表示"胜利"或"和平",也有的只是代表数字"2"。但如果是在英国、澳大利亚、爱尔兰或新西兰,做这种手势无异于脏话骂人。

(3) OK手势

在美国,该手势意指一切都没问题,但在法国和比利时,它相当于说别人是一文不值的废物。

(4) 竖手掌叫停

如果你在希腊,不要用掌心向外、五指直立的方式叫人停下,因为这等于叫人家"去死吧"。

(5) 长角牛手势

詹娜·布什曾在电视转播现场做出该手势,表示她以得克萨斯州为傲。不过,她没有意识到,自己无意中在告诉整个地中海地区的人,他们的配偶不忠——该手势有戴"绿帽子"的意思,常用于西班牙、葡萄牙、希腊、哥伦比亚、阿尔巴尼亚和斯洛伐克等国家。

(佚名,世界各地的手势,http://m.sjfzxm.com/body/18_006/187569,2010/10/26上传,2021年5月2日摘录)

> **拓展**
>
> 根据对以上资源信息的学习,分组练习,创设各种情境,模拟民航服务人员在各种服务场所的各种礼仪姿态。

第五章 日常礼仪

在日常生活中，人们如果能够注意一些礼仪知识，在与他人交往的过程中会更加协调、融洽。

 小故事

课堂礼仪

某一天上课，学生会纪检部的同学来查出勤情况，那位同学很友好地鞠了个躬，向大家说明来意，而这个时候，下边的同学依然"喋喋不休"地不知在谈论些什么，那位同学就像被忽略了一样，尽管他一再维持着纪律，希望大家保持安静，但看起来毫无用处。走的时候，他也一再鞠躬，表示打扰了大家上课。如此有礼貌的同学，却受到不公平的待遇，连老师也看不下去了，宁愿花十多分钟，也要给同学讲如何去尊重，如何去懂礼貌，如何去换位思考，考虑他人的感受。老师说："我们就像一个家庭，一个集体，我们之间可以不讲究很多礼仪，可以互相随和一点，可是查课同学就像外人，在外人面前做家里的事，这会惹人笑话，不仅自己脸上无光，也给集体抹黑。"

（佚名，生活中的礼仪，https://www.doc88.com/p-7384238259827.html，2014-12-30 上传，2021 年 5 月 2 日摘录）

第一节　电话礼仪

学习目标
（1）了解日常电话礼仪规范。
（2）拨打、接听电话时能够自觉遵守礼仪规范。

一、接听电话的礼仪

1. **迅速接听**

三响之内要接听电话。如果因为特殊原因没有接听，应该怎么办？接起来时应先做解释并道歉："对不起，让您久等了，因为××原因，我刚才没有及时接听您的电话。"

2. **问候、报名**

"您好，这里是××公司，请问您有什么事吗？"或"您好！这里是××大酒店总服务台。

很高兴为您服务。"

如果有人打错了电话,怎么办?"对不起,您打错了。"不可因为对方打扰了自己而大发脾气,甚至在电话中辱骂别人。

3. 认真聆听

忌吃东西,忌和他人讲话,忌不耐烦。

4. 应答、互动

如果自己不是受话人,应负起代为传呼的责任。若受话人离得近,应用手捂住话筒,再呼喊受话人。若受话人离得远,应对对方说"请稍等一下",将听筒轻轻放在桌上,再去找人。若受话人不在,应询问对方是否需要留言,若对方表示可以,自己应将内容记录下来,待受话人回来后立即转交,以免误事。可用礼貌语:"有事需要我转告吗?""能告诉我您的电话,让他回来给您回电话吗?"

5. 认真记录

接听公务电话时,应左手持电话,右手执笔,边打电话边做记录。电话记录应简单明了。对所记内容最好再重复一遍,确认无误后再结束通话。

6. 礼貌地结束通话

一般由打电话者先挂电话或长者先挂电话。礼貌与对方道别,并等对方先挂再挂断。

7. 接听技巧提示

如果正在接听电话时另一部电话响了,怎么办?应请对方稍等或告知对方一会儿回电,"对不起,请您稍等。"然后接起另一部电话,并询问:"我正在接电话,请稍等一会儿好吗?"得到肯定的答复后,迅速处理好第一部通话之后,接听第二部电话,致歉:"对不起,让您久等了。"

二、拨打电话的礼仪

1. 选择恰当的时间

拨打电话不宜过早、过晚或是私人休息时间(节假日、午休、用餐时间),否则会影响对方的生活,进而一定程度上影响通话效果。

除非有要紧事相告和约定外,有3个时段不宜打电话给别人:工作日早上7点以前、节假日早上9点以前及晚上10点以后。办公电话宜在上班时间10分钟以后和下班时间10分钟以前拨打。拨打国际电话要考虑时差。

2. 做好打电话前的准备

拨打电话前应做好准备,免得语无伦次,让人不得要领。要知道对方的电话号码、姓名、性别、年龄、打电话的目的、打电话的内容、公司与对方的关系状况,准备好记录的纸笔等。

3. 问候

确定对方的身份或名称,再自报家门,然后再告知自己找的通话对象以及相关事宜。对方应允后应致谢。"您好,我是××公司的××,请帮我找××先生(小姐)接电话好吗?谢谢!"或询问"这里是××吗?""请问您是××吗?"对方确认后可继续报出自己打电话的目的和要办的事。

当受话人陈述某一问题时,尽量不要打断。如果自己所拨的电话需总机接转,应向接线员说:"您好,请转××号。"拨号后若无人接听,应待电话声响六七声后再挂断。

给上级打电话,若是秘书或他人代接,应先向对方问好,然后自报姓名、单位、职务,说出自己的目的。若领导不在,可询问或商议再打电话的时间。

4. 简洁明了

打电话时间宜短不宜长,一般 3～5 分钟为宜。若需要说的内容很多,可列个提纲。同时明确对方的处境,"请问方便吗?"若对方回答不方便,应以商量的口吻再约时间。要求对方记录时,主动复述一遍,以免对方记错或记漏。

5. 对方不在时

一定不要咔嚓一声挂断电话。而是应先道谢,说"谢谢,我过会儿再打来"然后再挂断。需要请求转告时,留言应简单明了。

6. 电话中途中断

无论怎样,当电话中途中断时,都应重拨一次并表示歉意。

7. 拨错电话要道歉

查清对方电话号码,重新拨号。万一弄错,应表示歉意,不能立即挂掉电话。

8. 有礼貌地结束电话

通话完毕,迅速放下听筒。动作要轻,不应发出声音,否则失礼。

三、手机使用礼仪规范

1. 特殊场所不能使用手机

病房、油库等地方,以关机为佳。乘机时,在飞机飞行期间禁止使用,应在起飞前关机。

2. 重要场所手机设置为震动或静音

开会、上课等时候,不能接打电话。

3. 公众场所要小声

要求保持肃静的公共场所,如电影院、图书馆、博物馆、音乐厅、餐厅、酒吧等,尽可能不接听电话,接听也要到无人之处,压低音量,切勿当众高声喧哗,以免影响他人(图 5-1-1)。

图 5-1-1　拨打手机礼仪

4. 狭窄的公共场所不宜停留打电话

在电梯里、楼梯上、路口、人行道上等比较正式的场合,移动电话在未使用时,都要放在合乎礼仪常规的位置,一般放在随身携带的公文包里。避免将电话放在西装上衣的左胸内侧口袋或直接放在桌上。

拓展阅读5.1

电话接听的案例

接 线 生:早安,这里是TECH2000,请问您要和谁通话呢?

客　　户:我想了解有关贵公司办公室系列的产品。

接 线 生:我帮您转接业务代表。

业务代表:您好,我是汤姆·霍普金斯,请问需要什么服务呢?

客　　户:我想了解有关贵公司办公室系列的产品,你们有目录可以寄给我吗?

业务代表:当然可以,请问您是……

客　　户:我叫马丁·吉蒂,你能寄给我有关各种产品和价格的资料吗?

业务代表:可以的,请问贵公司的名称和地址?

客　　户:我这里是唐马氏集团,地址在×××,邮编:85251。

业务代表:对不起,邮编是……

客　　户:85251。

业务代表:马丁小姐,谢谢您。请问您是怎么找到我们公司的呢?

客　　户:是在报纸上看到的广告。

业务代表:请问您是对我们所有的产品有兴趣,还是在找某些项目的产品?

客　　户:我想了解你们所有的产品及价格,如果我能有目录那就太好了。

业务代表:我很乐意提供目录给您,事实上我今天下午会在您附近,我可以把目录直接拿给您吗?

客　　户:我不急着今天要目录,如果你要来也可以。

业务代表:马丁小姐,我知道您的时间宝贵,我今天下午的时间很弹性,什么时候拜访最好呢?今天下午两点还是四点呢?看您认为什么时间最合适?

客　　户:我并不想约时间见面,我只是想先看看目录。

业务代表:没关系,只要您先给我一些资料,让我了解怎么样满足您的需求,也许我可以附上一些样品,让您看看我们的品质,因为您真的无法从照片上看出产品的品质,您同意吗?

客　　户:有道理,品质当然重要了,但事实上价格是我们进货比较大的考量。

业务代表:我有个想法,您可以选出贵公司常用的一些产品,我把几个样品和价格带去给您。根据经验,我们如果越了解您的需求,我们就越能够处理您所关心的事。当然,也能为您提供更好的服务,我想我可以花点时间和您见面,就长期来看能节省您更多的时间。

客　　户:那就请您下午4点来好了。

拓展阅读5.2

秘书接听电话用语案例

秘书:下午好,这里是总裁办公室,很高兴为您服务,请讲。

客户：你好，麻烦你转一下王总。
秘书：先生您好，很高兴为您服务，我姓李，请问该怎么称呼您？
客户：我姓张。
秘书：张先生您好，请您稍等，我马上为您转王总。
客户：好的，谢谢。
秘书：张先生，非常抱歉，王总的电话现在没有应答，张先生，需要我帮您向王总留言吗？
客户：好的，你告诉他就说张××来过电话了。
秘书：好的张先生，需要我记录一下您的电话号码吗？
客户：他知道的，你说张××就可以了。
秘书：好的张先生，我已经记录下来了，我一定会尽快转告王总，张××张先生您给他来过电话了。张先生，您还有其他的吩咐吗？
客户：没有了，谢谢你。
秘书：不客气，张先生，祝您下午愉快！张先生，再见。
客户：谢谢。再见。

（佚名，电话礼仪，http://blog.sina.com.cn/s/blog_50151f3d01007uc4.html，2007-12-23 上传，2021 年 5 月 2 日摘录）

第二节　交往礼仪

学习目标

掌握日常交往中的称呼、握手、鞠躬、介绍、交换名片等礼仪规范。

一、称呼礼仪

称呼指的是人们在日常交往应酬之中，所采用的彼此之间的称谓语。在人际交往中，选择正确、适当的称呼，反映着自身的教养、对对方尊敬的程度、选择称呼要合乎常规、庄重、正式、规范。

1. 职务性称呼

以交往对象的职务相称，以示身份有别、敬意有加，这是一种最常见的称呼。职务性称呼有三种方式：称职务、在职务前加上姓氏、在职务前加上姓名（适用于极其正式的场合）。

2. 职称性称呼

对于具有职称者，尤其是具有高级、中级职称者，在工作中直接以其职称相称。称职称时可以只称职称、在职称前加上姓氏、在职称前加上姓名（适用于十分正式的场合）。

3. 行业性称呼

在工作中，有时可按行业进行称呼。对于从事某些特定行业的人，可直接称呼对方的职业，如老师、医生、会计、律师等，也可以在职业前加上姓氏、姓名。

4. 性别性称呼

对于从事商界、服务性行业的人，一般约定俗成地按性别的不同，分别称呼"小姐""女士"或"先生"，通常"小姐"是称未婚女性，"女士"是称已婚女性。

5. 姓名性称呼

在工作岗位上称呼姓名,一般限于同事,熟人之间。有三种方式:可以直呼其名;只呼其姓,要在姓前加上"老、大、小"等前缀;只称其名,不呼其姓,通常限于同性之间,尤其是上司称呼下级、长辈称呼晚辈,在亲友、同学、邻里之间,也可使用这种称呼。

二、握手礼

1. 握手姿态

行握手礼时,通常距离受礼者约一步,两足立正,上身稍向前倾,伸出右手,手掌垂直于地面,四指并齐,拇指张开与对方相握,微微抖动3~4次(时间以3秒为宜),然后与对方手松开,恢复原状(图5-2-1)。

图 5-2-1 握手礼

2. 握手次序

尊者居前,女士先伸手,男士后伸手;长辈先伸手,晚辈后伸手;上级先伸手,下级后伸手。
注意:
(1)年轻女士与年老男士握手,应男士先伸手。
(2)拜访时,来时主人先伸手,表示迎客;离去时,客人先伸手,表示道别。

3. 握手力度

在握手的力度上,要注意以下三点。
(1)跟上级或长辈握手,只需伸手过去擎着,不要过于用力。
(2)跟下级或晚辈握手,要热情地把手伸过去,时间不要太短,用力不要太轻。
(3)异性握手,女方伸出手后,男方应视双方的熟悉程度回握,但不可用力,一般只象征性地轻轻一握(一般握女士全手指部位)。

4. 握手禁忌

贸然伸手;用左手握手;戴墨镜、太阳镜握手;戴帽子、手套握手(除非女士在社交场合作为身体服装一部分的薄纱手套）；交叉握手；抓指尖式握手；握手时目光左顾右盼；长久地握住异性的手不放。

拓展阅读 5.3

握手礼的起源

一种说法是握手礼源于中世纪的骑士们。战争期间，骑士们都穿盔甲，除了两只眼睛外，全身都包裹在铁甲里，随时准备冲向敌人。如果表示友好，互相走近时就脱去右手的甲胄，伸出右手，表示没有武器，互相握手。后来，这种友好的表示方式流传到民间，就成了握手礼。当今行握手礼也都不戴手套，朋友或互不相识的人初识、再见时，应先脱去手套，才能施握手礼，以示对对方的尊重。

另一种说法是握手礼源于刀耕火种的原始时代。当时，人们在狩猎或战争中，手上都拿着石块或棍棒等防卫武器，倘若途中遇到陌生人，如大家都无恶意，就放下手中的武器，并伸出手掌，表示手中没有武器，后来，这种礼俗就演变成了今天的握手礼。

拓展阅读 5.4

握手礼与孙中山

握手礼据说源自欧洲，自辛亥革命后传入我国。孙中山认为，在我国流行了数千年的跪拜礼，是封建等级礼教制度的象征，推翻封建统治，一定要摧毁它。用新式的体现平等理念的握手礼取代跪拜礼，是辛亥革命任务的一部分。早在1905年，孙中山在日本组织同盟会时，就规定入盟"同志相见之握手暗号"，并亲自教导会员如何行握手礼。

拓展阅读 5.5

握手的注意事项

不要在握手时戴着手套或戴着墨镜，另一只手也不能放在口袋里。女士在社交场合可以戴着薄纱手套与人握手。握手时不宜发表长篇大论，点头哈腰，过分客套，这只会让对方不自在、不舒服。与基督教徒交往时，要避免交叉握手。这种形状类似十字架，在基督教信徒眼中，被视为不吉利。与阿拉伯人、印度人打交道时，不可用左手与他人握手，因为他们认为左手是不洁的。除长者或女士，坐着与人握手是不礼貌的，只要有可能，都要起身站立。

（佚名，握手礼仪，https://wenku.baidu.com/view/3e09152b27d3240c8447efce.html，2014-05-28 上传，2021年5月2日摘录）

三、鞠躬礼

鞠躬礼为中国、日本、朝鲜的传统礼仪，用来表示对别人的尊敬。鞠躬礼除了向客人表示欢迎、问候之外，还用于下级向上级、学生向老师、晚辈向长辈表示由衷的敬意，有时也用于向他人表示深深的感激之情。

鞠躬礼常见的适用场合有演员谢幕、讲演、领奖、举行婚礼、悼念等。

1. 鞠躬礼规范

行鞠躬礼时，施礼者通常距离受礼者2米左右，脱帽，呈立正姿势，面带笑容，目视前方，身体前部向前弯腰一定程度,然后恢复原状。

2．分类

(1) 欠身礼:头颈背呈一条直线,目视对方,身体稍向前倾。

(2) 15°鞠躬礼:头颈背呈一条直线,双手自然放在裤缝两边(女士双手交叉放在体前)前倾15°,目光约落于体前1.5米处,再慢慢抬起,注视对方。

(3) 30°鞠躬礼:头颈背呈一条直线,双手自然放在裤缝两边(女士双手交叉放在体前),前倾30°,目光约落于体前1米处,再慢慢抬起,注视对方。

(4) 45°鞠躬礼:用于重要场合的重要人物,行礼度数为看到脚尖前方1米处。

3．鞠躬礼注意事项

(1) 目光应向下看,表示一种谦恭的态度,不可以在弯腰的同时抬起眼睛望着对方。鞠躬礼毕起身时,目光应有礼貌地注视对方,如果目光旁视,会让人感到行礼不是诚心诚意的。施礼者和受礼者在施礼过程中要相互注视。

(2) 鞠躬后视线落在对方脚尖部位。

(3) 鞠躬时脖颈挺直。

(4) 在我国,接待外宾时也常用鞠躬礼。如果客人施用这种礼节,受礼方一般也应该用鞠躬礼回之,但长辈和上级欠身点头即算还礼。日本人见面一般不握手,而习惯于相互鞠躬。在接待日本客人时,要尊重其风格,行鞠躬礼(图5-2-2)。

图 5-2-2　鞠躬礼

四、名片礼

名片是商务人员、白领人士随身必备的物品之一。作为商务人员、白领人士的"自我介绍信"和"社交联谊卡",名片在私人交往和公务交往中都起着十分重要的作用。近年来,人们在社会交往、公关活动中交换名片越来越普遍。交换名片成为社交场合中一种重要的自我介绍的方式。恰到好处地使用名片,可以显示自己的涵养和风度,有助于人际交往和沟通。同时,名片作为个人形象和组织形象的有机组成部分,人们往往以此来看个人修养、层次和企业的正规程度。

1. 名片使用"三不准"
(1) 不准随意涂改。
(2) 不准提供两个以上的头衔。
(3) 一般不提供私人联络方式,尤其在商务交往和公务交往中。
2. 名片的交换
(1) 递名片。名片应整齐干净地摆放在上衣口袋或包里备用。向对方递名片时应恭敬地用双手拿住名片的两边,并将名片正面朝上顺向对着对方。
(2) 接名片。当接取对方名片时,应停下手中工作,起身双手接过名片。接过名片后应仔细阅读,必要时可读出声来。如有不认识的字应向对方询问。把接过的名片保存好,放进名片盒或包里(图5-2-3)。

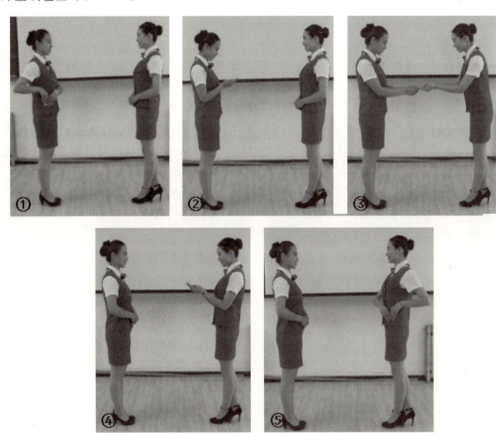

图 5-2-3 名片交换礼

3. 名片交换注意事项
(1) 名片应放在随手可取的地方(西装右胸内侧衣袋),不应东摸西摸,半天找不到。
(2) 出示名片,应把握机会,一是交谈开始前,二是交谈融洽时,三是握手告别时。
(3) 接过别人的名片,切忌不加确认就放入包中。忌放在裤兜、裙兜、提包、钱夹中;忌随手乱扔(夹在书刊、材料中,压在玻璃板下,扔在抽屉里)。
(4) 忌"批发式"散发名片(应有目的性)。
(5) 自己名片的存放:应用专用的名片夹、名片包存放,然后放到公文包中,或放到上衣口袋,忌下衣口袋。

（6）当名片交换完毕后,如果对方表示了"请坐",这时就可以坐下。对方没有表示却自己坐下来,你可以跟着坐下,千万不可比对方先坐下。

五、介绍礼

介绍是人与人相互认识的桥梁,是人们开始交往的第一步。介绍也是日常接待工作中必不可少的一个环节,是人际交往和接待工作中相互了解的基本方式。

1. 自我介绍

在社交场合,正确利用自我介绍,不仅可以扩大自己的交际圈,而且有助于自我展示、自我宣传。自我介绍时应先向对方点头致意,得到回应后再向对方介绍自己的姓名、身份、单位等。

自我介绍的具体形式如下。

（1）应酬式：适用于某些公共场合和一般性的社交场合,这种自我介绍最为简洁,往往只包括姓名一项即可。例如,"你好,我叫张强。""你好,我是李波。"

（2）工作式：适用于工作场合,介绍的内容包括本人姓名、供职单位及部门、职务或从事的具体工作等。

（3）交流式：适用于社交活动中,希望与交往对象进一步交流与沟通。介绍的内容应包括介绍者的姓名、工作、籍贯、学历、兴趣及与交往对象的某些熟人的关系。

（4）礼仪式：适用于讲座、报告、演出、庆典、仪式等一些正规而隆重的场合。介绍的内容应包括姓名、单位、职务等,同时还应加入一些适当的谦辞、敬辞。

自我介绍的注意事项有以下两条。

（1）注意时间：要抓住时机,在适当的场合进行自我介绍,应简洁明白,尽可能地节省时间,以半分钟左右为佳,还可利用名片、介绍信加以辅助。

（2）讲究态度：进行自我介绍时,态度一定要自然、友善、亲切、随和。应落落大方,彬彬有礼。既不能唯唯诺诺,又不能轻浮夸张。

2. 他人介绍

服务人员、接待人员在接待工作中,为他人做介绍是常有的事情。在社交场合中,通过接待人员介绍让宾客相互认识是一种起码的礼貌。

（1）介绍的表情、手势应文雅。无论介绍哪一方,都应手心朝上,手背朝下,四指并拢,拇指张开,指向被介绍一方,并向另一方点头微笑,切忌伸出手指指来指去。

（2）介绍的先后顺序——尊者居后,即先男士,后女士；先年轻,后年老；先地位低的,后地位高的；先主人,后客人。

第三节　　就餐礼仪

学习目标

掌握基本的就餐礼仪规范。

一、西餐礼仪

西餐是西方国家的一种宴请形式。由于受民族习俗的影响,西餐的餐具、摆台、酒水菜点、用餐方式、礼仪等都与中餐有较大差别。目前,由于我国对外交往活动的不断增多,西餐也已成为我国招待宴请活动的一种方式。因此,了解西餐的一般常识和礼仪是十分必要的。

西餐的餐具多种多样。常见的西餐餐具有叉、刀、匙、杯、盘等。

摆台是宴请活动中的一项专门的技艺,也是必不可少的一个礼仪程序。它直接关系到用餐过程、民族习俗和礼仪规范等。西餐的摆台因国家不同也有所不同,常见的有英美式、法国式、国际式西餐摆台。这里我们介绍一下国际式西餐摆台。

国际上常见的西餐摆台方法是:座位前正中是垫盘,垫盘上放餐巾(口布)。盘左放叉,盘右放刀、匙,刀尖向上、刀口朝盘,主食靠左,饮具靠右上方。正餐的刀叉数目应与上菜的道数相等,并按上菜顺序由外至里排列,用餐时也从外向里依序取用。饮具的数目、类型应根据上酒的品种而定,通常的摆放顺序是从右起依次为葡萄酒杯、香槟酒杯、啤酒杯(水杯)。吃西餐时,应注意掌握以下几个方面的礼仪。

1. 上菜顺序

西餐上菜的一般顺序是:①开胃前食;②汤;③鱼;④肉;⑤沙拉;⑥甜点;⑦水果;⑧咖啡或茶等。菜肴从左边上,饮料从右边上。

2. 餐巾使用

入座后先取下餐巾,打开,铺在双腿上。如果餐巾较大,可折叠一下,放在双腿上,切不可将餐巾别在衣领上或裙腰处。用餐时可用餐巾的一角擦嘴,但不可用餐巾擦脸或擦刀叉等。用餐过程中若想暂时离开座位,可将餐巾放在椅背上,表示你还要回来;若将餐巾放在餐桌上,则表示你已用餐完毕,服务员则不再为你上菜。

3. 刀叉的使用

吃西餐时,通常用左手持叉、右手持刀。用叉按住食物,用刀子切割,然后用叉子将食物送入口中,不可用刀送食物入口。如果只使用叉子,也可用右手使用叉子。使用刀叉时应避免发出碰撞声。用餐过程中,若想放下刀叉,应将刀叉呈"八"字形放在盘子上,刀刃朝向自己,表示还要继续吃。用餐完毕,则应将叉子的背面向上,刀的刀刃一侧应向内与叉子并拢,平行放置于餐盘中。尽量将柄放入餐盘内,这样可以避免由于碰触而掉落,服务员也容易收拾。

4. 用餐礼仪

当菜上齐时,主人示意后才能开始用餐,切不可自行用餐;喝汤时不能发出声响;面包要用手去取,不可用叉子取,也不可用刀切,面包应用手掰着吃;吃沙拉时只能使用叉子;用餐过程中,若需用手取食物,要在西餐桌上事先备好的水盂里洗手(沾湿双手拇指、食指和中指),然后用餐巾擦干,切不可将水盂中的水当成饮用水喝掉;最好避免在用餐时剔牙,若非剔不可,必须用手挡住嘴;当服务员依次为客人上菜时,一定要待服务员走到你左边时,才可以取菜,如果在你的右边,不可急着去取;吃水果不要整个咬着吃,应先切成小块,用叉取食;若不慎将餐具掉在地上,可由服务员更换;若将油水或汤菜溅到邻座身上,应表示歉意,并由服务员协助擦干。

二、冷餐宴礼仪

冷餐宴是一种比较自由的宴请形式,一般不设座,食品集中放在厅中央或两侧桌上,由客人按顺序自动取食,不要抢先;取食后可找适当位置坐下慢慢进食,也可站立与人边交谈边进食;所取食物最好吃完;第一次取食不宜太多,若需添食,可再次或多次去取。冷餐会可招待较多的客人,客人到场或退场比较自由。客人一面做好就餐的准备,一面可以和同席的人随意进行交谈,以创造一个和谐融洽的用餐气氛。不要旁若无人,孤僻独坐;更不要眼睛总盯着餐桌上的冷盘等,或者下意识地摸弄餐具,显出一副迫不及待的样子。

当开始用餐时,特别要注意以下几点:一是主人举杯示意开始时,客人才能开始;二是客人不能抢在主人前面;三是要细嚼慢咽,这不仅有利于消化,也是餐桌上的礼仪要求,不能狼吞虎咽,这样会给人留下贪婪的印象;四是不要挑食,不要只盯着自己喜欢的菜吃,或者急忙把喜欢的菜堆在自己的盘子里;五是用餐的动作要文雅,夹菜时不要碰到邻座,不要把盘里的菜拨到桌上,不要把汤打翻;六是不要发出不必要的声音,如喝汤时"咕噜咕噜",吃菜时嘴里"叭叭"作响,这些都是不文明的表现。用餐结束后,可以用餐巾、餐巾纸或服务员送来的小毛巾擦嘴,但不宜擦头颈或胸脯;餐后不要不加控制地打饱嗝或嗳气。

三、鸡尾酒会礼仪

鸡尾酒会也称酒会,是一种自由的社交活动,备有多种饮料和少量小食品,一般在下午或晚上举行,不设座,时间短,客人到场或退场自由。中途离开的客人,应向主人道别,但出席酒会不能太迟或到达不久就立即离去。

鸡尾酒会的形式活泼、简便,便于人们交谈,招待品以酒水为主,略备一些小食品,如点心、面包、香肠等,放在桌子、茶几上或者由服务生拿着托盘,把饮料和点心端给客人,客人可以随意走动。举办的时间一般是下午5时到晚上7时。近年来,国际上各种大型活动前后往往都要举办鸡尾酒会。

这种场合下,最好手里拿一张餐巾,以便随时擦手。用左手拿着杯子,好随时准备伸出右手和别人握手。吃完后不要忘了用纸巾擦嘴、擦手。用过的纸巾丢到指定位置。

四、喝咖啡礼仪

喝咖啡时,可以自己磨好咖啡豆以后用咖啡壶煮制,也可以用开水冲饮速溶的。人们一般认为自制的咖啡档次较高,而速溶的咖啡不过是节省时间罢了。

咖啡可以加入牛奶和糖,称为牛奶咖啡。也可以不加牛奶和糖,称为清咖啡或黑咖啡。在西餐中,饮用咖啡是大有讲究的。

1. 杯的持握

供饮用的咖啡,一般都是用袖珍型的杯子盛出。这种杯子的杯耳较小,手指无法穿过去。但即使用较大的杯子,也不要用手指穿过杯耳端杯子。正确拿法应是用右手的拇指和食指握住杯耳,轻轻地端起杯子,慢慢品尝。不能双手握杯,也不能用手端起碟子去吸食杯子里的咖啡。用手握住杯身、杯口,托住杯底,也都是不正确的做法。

2. 杯碟的使用

盛放咖啡的杯碟都是特制的。它们应当放在饮用者的正面或者右侧，杯耳应指向右方。咖啡都是盛入杯中，放在碟子上一起端上桌的。碟子主要用来放置咖啡匙，并接住溢出杯子的咖啡。喝咖啡时，可以用右手拿着咖啡的杯耳，左手轻轻托着咖啡碟，慢慢地移向嘴边轻啜。不要满手把握咖啡杯大口吞咽，也不要俯首去就咖啡杯。如果坐在远离桌子的沙发上，不便用双手端着咖啡饮用，此时可以做一些变通，用左手将咖啡碟置于齐胸的位置，用右手端着咖啡饮用，饮毕后立即将咖啡杯置于咖啡碟中，不要让二者分家；如果离桌子较近，只需端起杯子，不要端起碟子。添加咖啡时，不要把咖啡杯从咖啡碟中拿起来。

3. 匙的使用

咖啡匙是专门用来搅咖啡的，如果咖啡太热也可用匙轻轻搅动，使其变凉。饮用咖啡时应当把咖啡匙取出来，不可用咖啡匙舀着咖啡喝，也不要用咖啡匙来捣碎杯中的方糖。不用匙时，应将其平放在咖啡碟中。

4. 咖啡的饮用

饮用咖啡时，不能大口吞咽，更不能一饮而尽，而是一小口一小口地细细品尝，不要发出声响，这样才能显示出品位和高雅。如果咖啡太热，可以用咖啡匙在杯中轻轻搅拌使之冷却，或者等自然冷却后再饮用。试图用嘴把咖啡吹凉，是很不文雅的动作。

5. 给咖啡加糖

给咖啡加糖时，砂糖可用咖啡匙舀取，直接加入杯内；也可先用糖夹子把方糖夹在咖啡碟的近身一侧，再用咖啡匙把方糖加在杯子里。如果直接用糖夹子或手把方糖放入杯内，有时可能会使咖啡溅出，从而弄脏衣服或台布。

6. 用甜点的要求

有时饮咖啡可以吃一些点心，但不要一手端着咖啡杯，一手拿着点心，吃一口、喝一口地交替进行，这样的行为是非常不雅观的。饮咖啡时应当放下点心，吃点心时则应放下咖啡杯。

在咖啡屋里，举止要文明，不要盯视他人。交谈的声音越轻越好，千万不要不顾场合，高谈阔论，破坏气氛。

第四节 公共礼仪

学习目标

掌握各种公共场所的礼仪规范。

一、电梯礼仪

1. 搭乘电梯的一般礼仪

电梯门口处，如有很多人在等候，此时请勿挤在一起或挡住电梯门口，以免妨碍电梯内的人出来，而且应先让电梯内的人出来之后方可进入，不可争先恐后。

靠电梯最近的人先上电梯，然后为后面进来的人按住"开门"按钮，当出去的时候，靠电梯最近的人先走。男士、晚辈或下属应站在电梯开关处提供服务,并让女士、长辈或上司先行进入电梯,随后自己再进入。

在电梯里,尽量站成"凹"字形,挪出空间,以便让后进入者有地方可站,进入电梯后,正面应朝向电梯口,以免造成面对面的尴尬。在前面的人应站到边上,如果必要应先出去,以便让别人出去。

2. 与客人共乘电梯所要注意的礼仪

（1）伴随客人或长辈来到电梯厅门前时：先按电梯呼梯按钮。轿厢到达,厅门打开时,若客人不止一人,可先行进入电梯,一手按"开门"按钮,另一手按住电梯侧门,礼貌地说"请进",请客人或长辈进入电梯轿厢。

（2）进入电梯后：按下客人或长辈要去的楼层按钮。若电梯行进间有其他人员进入,可主动询问要去几楼,帮忙按下。电梯内可视状况是否寒暄,例如没有其他人员时可略做寒暄,有外人或其他同事在时,可斟酌是否必要寒暄。电梯内尽量侧身面对客人。

（3）到达目的楼层：一手按住"开门"按钮,另一手做出请出的动作,可说:"到了,您先请!"客人走出电梯后,自己立刻走出电梯,并热情地引导行进的方向。

二、乘坐交通工具礼仪

1. 乘坐轿车

遵循客人为尊、长者为尊、女士为尊的礼仪规则。在正式场合,乘坐轿车应分清座位的主次,非正式场合,不必过分拘礼。考虑安全系数,尊重嘉宾意愿——嘉宾坐哪儿,哪儿就是上座,即使坐错也不要纠正。

上车时,应将车开到客人跟前,帮助客人打开车门,站在客人身后请其先上车。关门时切忌用力过猛。

下车时,主人或工作人员应先下,帮助客人打开车门,迎接客人或长者下车。

夫妇俩被主人驾车送回家时,最好有一人坐在副驾驶座上,与主人相伴。

2. 乘坐公交车

候车应按先来后到的顺序在站台上排队,车辆进站,应等车停稳后依次上车,对妇女、儿童、老年人及病残者应要照顾谦让。

上车后不要抢占座位,更不要把物品放到座位上替别人占座。遇到老弱病残及怀抱婴儿的乘客应主动让座。在车上不要大声谈笑或与爱人过分亲昵。应注意乘车卫生,不要在车上随地吐痰,乱扔果皮、纸屑；禁止在车上吸烟。

下雨天上车后,应把雨衣脱下,不要让雨水沾湿别人的衣服；雨伞放置好,伞尖要朝下。拎着鱼、肉或湿东西上车时,应事先把东西包好,以免蹭脏别人的衣服。

下车应提前做好准备,在车辆到站之前向车门靠近,注意不要拥撞别人。车到站后,应依次下车,并照顾老弱病残孕和儿童。

3. 乘坐火车

检票时,排队依次进行,不要拥挤、推搡。

上车后不要见座就坐,甚至抢座。若未持有坐票,就座前应礼貌地征求邻座的同意后再坐。

使用行李架时,不要独占太多的空间,也不要粗暴地把自己的行李放在别人的行李上；

当移动别人的行李时应征得同意；往行李架上放行李时，不要穿鞋直接踩踏座位。坐定后，待时机成熟后再与邻座乘客交谈。交谈时，不要打听对方隐私。

在卧铺车厢，不要盯视他人的睡前准备和睡相，休息时，应背对其他乘客。当乘务员来打扫卫生和服务时，应主动予以配合并表示谢意。当看到不法行为时，要协助乘警、乘务员予以制止。

4．乘坐飞机

当上下飞机时，空姐站在机舱门口迎送，应向她们点头致意或问好。登机对号入座。

在机舱内谈话声音不可过高，尤其是其他乘客闭目养神或阅读报刊时，不要喧哗。不要随地吐痰，不能在飞机上吸烟。遇到班机误点或临时改降、迫降时，不要惊慌失措，而是应镇静地配合工作人员工作。

三、酒店入住礼仪

1．登记入住

进入酒店大堂，主动出示证件办理登记手续，如果需要门童帮助提拿行李，应礼貌地表示谢意，按规定付费。在酒店大厅和走廊，不要穿睡衣或泳装转来转去。酒店大厅要保持安静，不要大吵大闹，不要乱跑乱跳。

2．客房礼仪

爱护客房设施（电话、电视、烧水壶、熨斗、吹风机、睡衣、拖鞋、毛巾、洗漱牙具等），正确使用服务产品。电视音量不可开得过大，不可半夜洗澡，否则会影响他人休息。"请勿打扰"标志的妙用：如果你要连续住几天，不需要客房服务，可在门外手柄上挂上"请勿打扰"标志。床单、毛巾和牙刷不必每天更换，既安全又环保，做一名受酒店尊重和欢迎的客人。注意保持地毯卫生，果汁饮料不要洒在地毯上，要将废弃物扔到垃圾桶里。禁止在床上或床边吸烟，避免引起火灾。保持洗手间的卫生，节约用水。淋浴时，将防水帘或淋浴房门拉紧，防止洗澡水溢出，打湿地面，导致跌倒受伤。

对于电话订餐，用过的餐具要清理干净放在室外，便于服务员收拾。对于客房内有配备的有偿服务和免费服务的用品，使用前要看清、读懂说明。

3．离店礼仪

使用国际或国内长途电话后，离开前，主动跟前台服务人员说明。如果不小心弄坏了房内物品，应主动提出并赔偿。不能随意把酒店物品放入自己的行李内带走。

无痕离房：离开酒店退房前，要认真检查房间内有无遗漏物品，根据个人习惯对重点部位进行清理，如卫生间、床铺、保险箱等。做到房间内物品恢复原状，摆放整齐。

四、公园礼仪

遵守公园秩序，文明守序，不乱闯园内禁区；不乱躺乱坐，霸占座椅；规范穿衣，不光膀子，不光脚；爱护文物古迹，不乱攀登、乱刻画、乱留言；不在禁区拍照、踩踏；不乱丢果皮等垃圾；爱护花草树木，不乱摘、乱折、践踏花草、攀登树木、攀登雕塑；在园内餐厅排队就餐、排队购物，要礼貌让人，讲究先来后到；不说脏话，注意自己的形象，维护国家的形象。

拓展阅读 5.6

五星级酒店入住礼仪

1. 如何着装

最好上身着有领的衬衫,下身搭配精致的牛仔裤或更正式的宽松便裤;入住时西装外套未要求,但在酒店餐厅或酒吧则要求着西装;若疑问尚存,则可咨询酒店着装服务人员或在预订酒店前花大约半小时的时间看看酒店其他用餐者的着装。

2. 就餐礼仪

就餐过程中,服务人员会提供更高档次的服务,如提供额外食物、及时清理桌子等,入座后可允许服务员主动服务,在谈话中,请不要挥舞双臂而撞到服务员或不小心打翻托盘,若看不懂菜单,可咨询服务员,点餐后请合上菜单并记住自己所点的菜。

3. 遇到名人如何言谈举止

遇到商业大亨、政要人物、明星等名人,若他们似乎也在度假,可打招呼示意,但不要寻求签名或拍照等。

4. 不要长时间占着日光躺椅不用

你可以用浴巾占据躺椅,但这样很不礼貌。在预约日光躺椅后,最好及时躺下享受,预约后拖延时间最长不要超过 30 分钟,在预约旺季时则一般最长不超过 10 分钟。

5. 酒店礼宾

若在不熟悉的城市入住,酒店礼宾可称作是信息服务咨询员,若是优秀的礼宾,则更是熟知各种餐馆预定以及剧院、音乐会或体育赛事的入场票,他们如向导一样可为旅客提供方便快捷的服务,可根据自身需求请他们提供帮助。

拓展

根据对以上资源信息的学习,结合自己搜集的其他相关信息,分组模拟各种日常情境的礼仪规范,并以小组为单位,互相检查,纠正改进,以加强对日常礼仪的掌握。

第六章 商务礼仪

在商务活动中,为了体现相互尊重,需要通过一些行为准则去约束人们在商务活动中的方方面面,其中包括仪表礼仪、言谈举止、书信来往、电话沟通等技巧,从商务活动的场合又可以分为办公礼仪、宴会礼仪、迎宾礼仪等。

小故事

仅仅因为一口痰吗?

一天下来,约瑟先生对于谈判对手——某医疗器械的范厂长,既恼火又钦佩。这个范厂长对即将引进的"大输液管"生产线行情非常熟悉。不仅对设备的技术指数要求高,而且价格压得也很低。在中国,约瑟似乎没有遇到过这样难缠而有实力的谈判对手。他断定,今后和务实的范厂长合作,事业是能顺利的。于是信服地接受了范厂长那个偏低的报价。双方约定第二天正式签订协议。天色尚早,范厂长邀请约瑟到车间看一看。车间井然有序,约瑟边看边赞许地点头。走着走着,突然,范厂长觉得嗓子里有条小虫在爬,不由得咳了一声,便急急地向车间一角奔去。约瑟诧异地盯着范厂长,只见他在墙角吐了一口痰,然后用鞋底擦了擦,油漆的地面留下了一片痰渍。约瑟快步走出车间,不顾范厂长的竭力挽留,坚决要回宾馆。

第二天一早,翻译敲开范厂长的门,递给他一封约瑟的信:"尊敬的范先生,我十分钦佩您的才智与精明,但车间里你吐痰的一幕使我一夜难眠。恕我直言,一个厂长的卫生习惯,可以反映一个工厂的管理素质。况且,我们今后生产的是用来治病的输液管。贵国有句谚语:人命关天!请原谅我的不辞而别,否则,上帝会惩罚我的……"

范厂长觉得头"轰"的一声,像要炸了。

第一节 会议礼仪

学习目标

了解在会议的组织实施过程中,应该遵循的礼仪规范。

一、会议的种类

会议的种类复杂多样,通常有以下几种分类。

(1) 按范围分:有全国性会议、省(市)级会议、地(厅)级会议、县级会议和单位内部会议;不同系统、不同行业、不同专业也有各自的会议。

(2) 按性质分:有党派会议、政务会议、群众组织会议和经济工作会议。

(3) 按时间分:有长期固定的会议和临时性会议。

(4) 按规模分:有大型会议、中型会议和小型会议。

(5) 按内容分:有综合性会议和专题性会议。

二、会议准备工作的礼仪

要开好一个会议,准备工作是十分重要的。会前周密详尽的准备,是会议圆满成功的基础。会议的准备工作,包括以下几个方面。

1. 建立组织

召开一个会议,要有许多人参与组织和服务工作。这些人应有明确的分工,各负其责。建立各种小组,可以使他们在统一领导之下,各自独立地开展工作。一般会议由大会秘书处负责整个会议的组织协调工作。秘书处下设:秘书组,负责会议的日程和人员安排;文件、简报、档案等文字性工作;总务组,负责会场、接待、食宿、交通、卫生、文娱和其他后勤工作;保卫组,负责大会的安全保卫工作。根据会议规模的大小、性质的不同还可以增设其他必要的小组。

2. 明确任务

全体工作人员,应该明白本次会议的目的,主要解决什么问题,更要明确自己的工作任务及具体要求,以保证不出差错,不贻误工作。

3. 安排议题和议程

秘书处要在会前把会议要讨论、研究、决定的议题搜集整理出来,列出议程表,提交领导确定。根据确定的议题,安排日程,以保证会议有秩序地进行。

4. 确定与会人员

确定与会人员是一项很重要的工作。应出席会议的,一定要通知到;不应到会的,就不应当参加。这里出现了差错,后果是很严重的。确定与会人员,可以采取以下方法:查找有关文件、档案资料;请人事部门提供;征求各部门意见;请示有关领导。

大型会议,还要对与会人员进行分组,便于分头讨论,组织活动。

5. 发出通知

名单确定后,即可向与会人发出通知,便于他们做好准备工作。有时准备工作量比较大,而距离开会时间还远,可以先发一个关于准备参加会议的通知。在开会前,再发出开会通知。

通知一般用书面形式。内容包括会议名称、开会的目的、内容、与会人应准备什么、携带什么,开会日程、期限、地点、报到的日期、地点、路线等。

与会人接到通知后,应向大会报名。告知将参加会议,以便大会发证、排座、安排食宿等。

6. 会场

会场布置和安排是会议的又一项重要工作。会议的气氛主要靠会场的布置来渲染。会议室应当根据会议的内容来安排,或庄严肃穆,或郑重朴素,或明快大方,或热烈欢快,总之,会场的布置应与会议内容相协调。

主席台,设在与代表席对面的地方。现在一般在主席台前设讲台,用于发言人讲话。主席台上可适当摆放鲜花点缀。主席台背后悬挂会标或旗帜,会议名称的标语悬挂在主席台上方。

7. 座次

代表席的座次应当统一安排,照顾全面。因为座位有前有后,有正有偏,在排座位时要根据不同情况,妥善安排,照顾到各个方面。

(1) 会议主席台座次的安排(合影座次与主席台安排相同)。主席台必须排座次、放名签,以便领导同志对号入座,避免上台之后互相谦让。

主席台座次排列,领导为单数时,主要领导居中,2号领导在1号领导左侧,3号领导在1号领导右侧;领导为偶数时,1号、2号领导同时居中,2号领导依然在1号领导左侧,3号领导依然在1号领导右侧。

多位领导人同时上主席台时,通常按排列次序排列。也可灵活掌握,不生搬硬套,如对一些德高望重的老同志,也可适当往前排,而对一些较年轻的领导同志,可适当往后排。另外,对邀请的上级单位或兄弟单位的来宾,也不一定非得按职务高低来排,通常掌握的原则是:上级单位或同级单位的来宾,其实际职务略低于主人一方领导的,可安排在主席台适当位置就座。这样,既体现出对客人的尊重,又使主客都感到较为得体。

对上主席台的领导同志能否出席会议,在开会前务必逐一落实。领导同志到会场后,要安排在休息室稍候,再逐一核实,并告之上台后所坐方位。如主席台人数很多,还应准备座位图。如有临时变化,应及时调整座次、名签,防止主席台上出现名签差错或领导空缺。还要注意认真填写名签,谨防错别字出现(图6-1-1)。

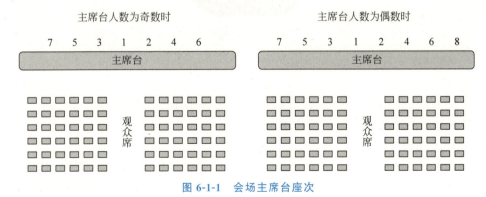

图 6-1-1　会场主席台座次

(2) 宴会座次的安排。宴请客人,一般主陪在面对房门的位置,副主陪在主陪的对面,1号客人在主陪的右侧,2号客人在主陪的左侧,3号客人在副主陪的右侧,4号客人在副主陪的左侧,其他可以随意。以上主陪的位置是按普通宴席掌握,如果场景有特殊因素,应视情况而定(图6-1-2)。

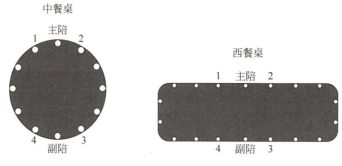

图 6-1-2　宴会座次

（3）签字仪式的座次安排。签字双方主人在左边，客人在主人的右边。双方其他人数一般对等，按主客左右排列。

（4）乘车的座次安排。小轿车 1 号座位在司机的右后边，2 号座位在司机的正后边，3 号座位在司机的旁边（如果后排乘坐三人，则 3 号座位在后排的中间）。中轿主座在司机后边的第一排，1 号座位在临窗的位置（图 6-1-3）。

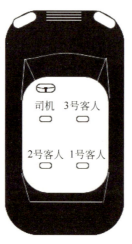

图 6-1-3　乘车座次

（5）会见座次安排如图 6-1-4 所示。

8．印制证件

证件是出席会议的证明，是标示与会者身份、资格、权利、待遇的证件。代表证、记者证、工作人员证要用不同颜色的字或纸印刷，以示区别。

9．接待和报到

外地代表到达时，应安排工作人员到车站、码头、机场接站。代表到驻地后，持通知书到大会报到处报到。报到处接待人员应礼貌接待，验视有关证件后即安排食宿，登记联系的地点、方式，并发给证件、文件等。报到人数至少每天向秘书处汇报一次。

三、会议中的礼仪

大会开幕，会场内外还有大量工作要完成。各部门要按照分工开展工作，保证会议顺利进行。

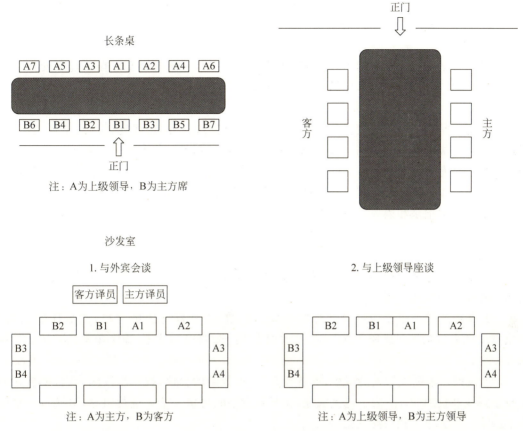

图6-1-4　会见座次

1. 签到

代表进入会场要履行签到手续,以便统计人数和凭证明入场。

小型会议,可以在入口设签到处,代表入场时,先在签到簿上签上姓名,即表示到会;大中型会议不用这种方法签到,否则会造成入口处拥挤、混乱。一般可采取事先发签到卡,代表在入口处,把签到卡交给签到处工作人员,即表示签到。

统计人数要准确、及时、迅速,随时准备回答领导询问代表到会情况。这项工作看似简单,实际要搞好是很不容易的。例如,领导询问到会几个人,正式代表到了几人、缺几人,就不那么容易统计了。

签到统计工作有以下两种方法。

（1）签到工作人员事先把代表座位的分配情况——代表座次取来,签到时,收了签到卡后,按号进行销号处理,这样便可以随时掌握实到、缺席人数和姓名了。

（2）如果只要求人数,就只点签到卡的数量便可以了。

2. 安排发言

大会发言要事先排定人选和次序,秘书处可以提出初步意见,请领导确定。确定发言人应注意三个平衡。

一是领导人之间的平衡。高一级领导或主要领导的发言,如果是开幕词,动员性的、启发性的,应安排在第一发言。如果是总结性的、综合性的,则放在最后。如果是讨论发言、座谈发言,应交叉安排,以使会议更生动活泼。

二是单位平衡。发言单位的选择,应首先注意典型性,其次才照顾单位与单位之间的平衡。

三是内容平衡。发言人的内容应都是围绕一个主题,不同内容安排在一起不便集中思考和会后讨论,因而效果不好,如果内容属同类,可以只安排一个人发言。

3. 记录

会议记录是对发言内容进行的客观文字记录,以便进行分析、研究、综合、整理,它是会议简报、纪实、决议的主要依据。因此,每一次重要的会议,都应当有专人记录。

会议记录有的使用专门印制的会议记录本,有的是一般的笔记本,不论哪一种,都应当标明:会议名称、时间、地点、出席人、列席人、缺席人、主持人、发言人和记录人。

记录分详细记录和摘要记录,记录要真实、准确、完整,摘要记录也不要把发言的重点内容、基本主题漏掉。

4. 选举

大会如果有选举议程,应当倍加慎重,因为选举是实行民主、平等的一种重要形式,是代表们行使权力的具体体现。

(1) 准备选票。事前应核对具有投票权的人数,弄清候选人的名单,然后印制选票。选票应印两套,其中一套作为第一次无效时备用,选票应盖上秘书处印章,由专人密封保存。

(2) 投票。根据投票人的多少,准备投票箱,人数多的会议,投票箱按区分设,要事先划定投票路线和投票顺序;为了避免混乱,在开始投票时可由一个人进行引导,引导每一排排口上的第一个人走上投票路线。

在票箱前要有大会推选的监票人监票。投票前,大会主持人要讲清楚投票的注意事项。

(3) 选票统计。打开票箱后,先核对投票张数与发票张数是否一致。多于发票数的,则为选举无效,应重新投票。每一张票有效、无效,按大会规定统计。

5. 服务和保卫

(1) 音响装置要反复调试,音量、音质调到最佳状态。

(2) 做好茶水供应。

(3) 主席台座位要放置小毛巾、铅笔和纸张。

(4) 会议内外要安排好安全保卫工作。

四、会议外的工作礼仪

在会期较长的情况下,如几天,甚至十几天,除以上会场上的工作外,会议组织者(主要是秘书处)在会场外还有以下工作要做。

1. 统计人数

大会开始后,即应精确地统计人数:原计划人数、通知人数、报名人数、参加每次会议人数、每次会议缺席人数、投票人数等。还应统计缺席人员的姓名、原因等。

2. 编发简报

会议期间,为了互通情况,还要编发简报。编写简报主要依据会议记录来拟写,简报应意简言明、印发迅速。

大会秘书部门还要在会议文件工作上做大量工作,整理发言稿,起草纪要、决议等,还要对文件做印刷、分发、回收、立卷、存档、保管、备卷等一系列工作,使会议的进程、面貌、成果得到记载和保存。

3. 组织活动

大型会议在会外,还应安排一些相应的活动,如座谈会、茶话会、酒会、宴会、接见、留影、祝词、参观、晚会、舞会等。这些活动秘书部门应事先做好日程、人力、物力的安排,做到有条不紊。在安排活动时应注意领导同志的负担能力,过于繁重、密集,会影响其主要工作和身体健康。事先安排准备应尽可能详尽、准确、周到、简练,保证大会的正常进行。

拓展阅读6.1

"时装秀"方案

某服装集团为了开拓夏季服装市场,拟召开一个服装展示会,推出一批夏季新款时装。秘书小李拟订了一个方案,内容如下。

(1) 会议名称:"2020××服装集团夏季时装秀"。

(2) 参加会议人员:上级主管部门领导2人;行业协会代表3人;全国大中型商场总经理或业务经理以及其他客户约150人;主办方领导及工作人员20人。另请模特公司服装表演队若干人。

(3) 会议主持人:××集团公司负责销售工作的副总经理。

(4) 会议时间:2020年5月18日上午9时30分至11时。

(5) 会议程序:来宾签到,发调查表。展示会开幕,领导讲话。时装表演。展示活动闭幕,收调查表,发纪念品。

(6) 会议文件:会议通知、邀请函、请柬。签到表、产品意见调查表、服装集团产品介绍资料、订货意向书、购销合同。

(7) 会址:服装集团小礼堂。

(8) 会场布置:蓝色背景帷幕,中心挂服装品牌标识,上方挂展示会标题横幅。搭设服装表演T型台,安排来宾围绕就座。会场外悬挂大型彩色气球及广告条幅。

(9) 会议用品:纸、笔等文具,饮料,照明灯、音响设备、背景音乐资料,足够的椅子,纪念品(每人发××服装集团生产的T恤衫1件)。

(10) 会务工作:安排提前来的外地来宾在市中心花园大酒店报到、住宿。安排交通车接送来宾。展示会后安排工作午餐。

(佚名,会务工作案例,https://wenku.baidu.com/view/6f001e4ccbff121dd36a32d7375a417876fc15e,2020-07-04上传,2021年5月2日摘录)

问题讨论:小李的会议方案有无需要改进的地方?

第二节 开业礼仪

学习目标

了解在开业庆典组织实施过程中,应该遵循的礼仪规范。

一个企业、一个组织的开幕、开工、开业,总希望第一次亮相便为自己创造一个良好的社会形象,扩大影响,提高知名度。举行隆重、热烈的开幕、开业典礼,是一个常用的形式。通过典礼,首次向社会展示自己的形象,表现出领导人的高度组织能力、社交水平和文化素养。典礼中的致辞,更可以宣传企业的宗旨、目标、地位和实力。第一次亮相在人们头脑所形成的第一印象是深刻的、不易磨灭的。所以,开幕、开业典礼需要精心筹划。

一、宣布典礼开始

宣布典礼开始时,可以安排锣鼓、鞭炮或音乐,使典礼一开始便形成一个隆重、热烈、喜庆的氛围。

二、宣读重要宾客名单

有关部门负责人、社会名人、同行领导、新闻单位的参加,会使企业增加知名度,显示自己的地位,为典礼增光添彩。

三、上级领导致贺词

上级领导致贺词的内容包括对开幕表示祝贺,指出该企业的意义、作用,并提出要求等。

四、东道主致辞

由开业单位的领导介绍本企业的情况、宗旨,对各位宾客的光临表示感谢,欢迎顾客惠顾等。

五、剪彩

剪彩的目的是创造一个郑重、欢快的气氛。参加剪彩的除主办方主要负责人外,还要事先邀请宾客中身份较高、有社会声望的知名人士共同剪彩。剪彩后可以安排群众喜闻乐见的民间文艺活动。

开幕典礼,形式不复杂,时间也不长,但一定要隆重热烈、丰富多彩,给公众留下美好而难忘的第一印象。

拓展阅读6.2

开业庆典要注意哪些礼仪

开业仪式是指在单位创建、开业,项目完工、落成,某一建筑物正式启用,或是某项工程正式开始之际,为了表示庆贺或纪念,而按照一定的程序所隆重举行的专门的仪式。有时,开业仪式也称作开业典礼。

在商界,任何一个单位的创建、开业,或是本单位所经营的某个项目、工程的完工、落成,例如,公司建立、商店开张、分店开业、写字楼落成、新桥通车、新船下水等,都是一项来之不易、可喜可贺的成功,因此它们一向备受有经验的商家的重视。按照成例,在这种情况之下,当事者通常都要特意为此而专门举办一次开业仪式。

开业的礼仪,一般指的是在开业仪式筹备与动作的具体过程中所应当遵从的礼仪惯例。通常,它包括两项基本内容。一是开业仪式的筹备;二是开业仪式的动作。

开业仪式尽管进行的时间短暂,但要营造出现场的热烈气氛,取得彻底的成功,却绝非一桩易事。由于它牵涉面甚广,影响面巨大,不能不对其进行认真的筹备。筹备工作认真、充分与否,往往决定着一次开业仪式能否真正取得成功。主办单位对于此点,务必要给予高度重视。

筹备开业仪式时,对于舆论宣传、来宾邀请、场地布置、接待服务、礼品馈赠、程序拟定六个方面的工作,尤其需要事先做好认真安排。

第一,要做好舆论宣传工作。既然举办开业仪式的主旨在于塑造本单位的良好形象,那么就要对其进行必不可少的舆论宣传,以吸引社会各界对自己的注意,争取社会公众对自己的认可或接受。

第二,要做好来宾邀请工作。开业仪式影响的大小,实际上往往取决于来宾的身份高低与其数量的多少。在力所能及的条件下,要力争多邀请一些来宾参加开业仪式。地方领导、上级主管部门与地方职能管理部门的领导、合作单位与同行单位的领导、社会团体的负责人、社会贤达、媒体人员,都是邀请时应予优先考虑的重点。为慎重起见,用以邀请来宾的请柬应认真书写,并应装入精美的信封,由专人提前送达对方手中,以便对方早做安排。

第三,要做好场地布置工作。开业仪式多在开业现场举行,其场地可以是正门之外的广场,也可以是正门之内的大厅。按照惯例,举行开业仪式时宾主一律站立,故一般不设置主席台或座椅。为显示隆重与敬客,可在来宾尤其是贵宾站立之处铺设红色地毯,并在场地四周悬挂横幅、标语、气球、彩带和宫灯。此外,还应当在醒目之处摆放来宾赠送的花篮、牌匾。来宾的签到簿、本单位的宣传材料、待客的饮料等,也须提前备好。对于音响、照明设备,以及开业仪式举行之时所需使用的用具、设备,必须事先认真进行检查、调试,以防其在使用时出现差错。

第四,要做好接待服务工作。在举行开业仪式的现场,一定要有专人负责来宾的接待服务工作。除了要教育本单位的全体员工在来宾的面前,人人都要以主人翁的身份热情待客,有求必应,主动相助之外,更重要的是分工负责,各尽其责。在接待贵宾时,需由本单位主要负责人亲自出面。在接待其他来宾时,则可由本单位的礼仪小姐负责此事。须为贵宾准备好专用的停车场、休息室,并应为其安排饮食。

第五,要做好礼品馈赠工作。举行开业仪式时赠予来宾的礼品,一般属于宣传性传播媒介的范畴之内。若能选择得当,必定会产生良好的效果。

第三节　颁奖礼仪

> **学习目标**
> 了解在颁奖活动的组织实施过程中,应该遵循的礼仪规范。

对先进个人和先进集体进行表彰和奖励,一般都要举行一个隆重的仪式,显示出郑重严肃的态度。这既是对先进的肯定和鼓励,也是对群众进行宣传教育,树立榜样,扩大影响,振奋精神,推动工作的有效方式。

一、会场

会场应选在较大的场地进行。主席台上方要悬挂大红横额,写明"颁奖大会"。两旁还可悬挂相应的口号与标语或对联。主席台后面,可悬挂彩旗、会标等。

主席台上设供领导人就座的桌椅,桌上摆上写有领导人姓名的桌签。可以另在正前方或侧前方设发言席。受奖人一般安排在观众席前排就座。

二、程序

颁奖典礼的程序一般如下。

（1）宣布表彰典礼开始,这时可以播放欢快的音乐和燃放鞭炮,隆重的可以安排乐队演奏音乐。
（2）主要领导人讲话。
（3）宣布先进集体和先进个人名单。
（4）颁奖。
（5）先进集体或先进个人代表发言。
（6）群众代表发言。
（7）散会。

三、主持人礼仪

主持人应当熟悉仪式的各个程序,提前做好安排,保证准时开始。主持程序时,要精神饱满,热情洋溢。要顾及台上台下各个方面,审时度势,随机应变,使会议保持隆重热烈的气氛。

四、报告人礼仪

衣着整洁、大方；仪态自然、步履稳定。报告时,身体正直,稍前倾,不要趴在讲台上或靠在椅子背上。讲话要有激情,注意节奏。

五、颁奖

颁奖是仪式的高潮,但安排不当,常常发生混乱,应注意以下几点。

以受奖人上台的次序为依据,事先排好奖品和发奖人的顺序。发奖时,工作人员按事先分工专门递送,使发奖场面热烈、欢快而井然有序。

颁奖、受奖要用双手,颁奖人要主动与受奖人握手致意,表示祝贺。如有新闻单位,或需要留影,则在全部颁奖后,受奖人排在前排,为摄影摄像提供方便。

六、受奖人礼仪

受奖人应着装整洁、大方、端庄,仪态自然。

上台受奖时要依顺序出入上下,不要左顾右盼,不要扭扭捏捏。

受奖时,要面带笑容,双手接奖,并表示谢意。然后转过身来,面向全场观众鞠躬行礼,并可举起奖品向观众致意,要及时走下主席台,使会议继续进行。

致答词时,要注意对各方面评价得当,不要过于谦虚、过分客套。

第四节　庆典礼仪

学习目标

了解在庆典的组织实施过程中,应该遵循的礼仪规范。

一、典礼的种类

典礼是一种常用的和隆重的仪式。举行典礼仪式,一方面可以表示自己的郑重、庄严,渲染出与内容相应的浓烈气氛;另一方面可以引起社会各方面和广大群众的注意和重视,强化效果。

1. 按性质分

(1) 政治性典礼用于政治生活中的重大事项,如开国大典、国庆典礼、授勋典礼、揭幕典礼等。

(2) 经济性典礼用于企业单位经济活动中的重大事项,如开业典礼、落成典礼、周年典礼、签字典礼等。

(3) 常性典礼用于机关、团体、企业、事业单位,或社会团体日常工作的重大事项,如开幕典礼、开学典礼、奠基典礼、表彰典礼、誓师典礼等。

2. 按内容分

开始性典礼指用于某一件大事开始的典礼。举行开始性典礼,显示出郑重、严肃的态度,通过典礼的形式,对参加典礼的人进行宣传教育,使有关人员了解这件事项的目的、意义和作用,动员有关人员统一意志、振奋精神、开展工作,或者让人给予关注、重视等。如开幕式、开学典礼等。

结束性典礼指用于某一件事结束的仪式。目的是对某项工作、活动的胜利结束表示庆祝,通过典礼对有关人员进行表彰,使整个工作、活动善始善终。如毕业典礼、竣工典礼等。

二、典礼的准备礼仪

准备工作是典礼活动组织工作的重要环节,可以说,准备工作做得充分、周密,典礼就等于成功一半了。

1. 明确规模

典礼的准备工作首先要确定规模大小。东道主主要根据典礼的需要精心拟定出席典礼人员的名单。邀请宾客应考虑周到,为使典礼显得隆重,一般要特别邀请几位地位较高的贵宾参加。邀请宾客的多少,应根据需要与可能,即经济力量、场地条件、接待能力等来确定。

2. 组织分工

典礼活动所用的时间虽然不长,但事关重大,所以对典礼活动各项烦琐的准备工作,事无巨细,均不可疏漏。要请几位精干的人员进行统筹策划,做出明确分工。有的负责邀请和接待客人;有的负责典礼的程序和进行;有的负责后勤保障;有的负责全面领导和协调。全部工作人员各负其责,协调配合,保证典礼圆满成功。

3. 拟定程序

典礼程序是典礼活动的中心环节,典礼的效果如何,主要由程序决定。拟定程序,要首先选好主持人,也称司仪。主持人应当精明强干,口才较好,有应变能力,并且熟悉各方面情况。因为主持人担负着掌握进程、驾驭全局、调节气氛、处理随时出现的问题的重任。

典礼程序一般由宣布典礼开始、公布贵宾名单、致辞、答词、礼成等几个项目组成。不同的典礼还要安排不同的项目,使整个典礼过程完整、协调。在拟定程序的同时,还要安排落实致辞的人选,每个人的发言应当言简意赅,切忌冗长。

如有其他活动,也要事先落实人员,交代清楚各自的职责和要求。

4. 布置场地

要根据典礼的规模、时间和形式的要求来安排场地,并进行布置。不同的典礼布置的格调各有不同,要根据当地的风俗习惯安排。场地的音响设备要保持情况良好,有的还要安排锣鼓、鞭炮和乐队,以渲染气氛。

5. 后勤工作

典礼的后勤工作相当繁重,稍有不慎就会出现漏洞。所以,事先要有充分准备。对经济账务、所需物品、来宾的接待、食宿交通等,都要安排专人负责。

6. 发出通知

在确定了宾客名单之后,即可发出通知。通知的形式可以用书面形式——请柬,也可以用口头或电函形式。对重要的贵宾应当由东道主亲自出面邀请,并呈请柬。有的还可以用在报纸上刊登启事的形式发出邀请。

三、典礼过程中的礼仪

典礼开始以后,工作就应当按照事先的计划有秩序地进行,工作人员按照各自分工,分头开展工作。

1. 接待宾客

宾客到来,接待人员应立即以礼欢迎,并引导到休息室。需要签到的应当让宾客在签到簿上签到。贵宾到来,由东道主亲自迎接,并陪贵宾交谈、休息,等待典礼开始。

2. 检查巡视

在典礼临近开始时,要检查一下各方面工作是否完备,重要的宾客是否到齐。发现问题及时处理。时间一到立即请东道主、贵宾和有关人员入场就位。

3. 进行

典礼由主持人宣布开始后,按顺序进行。开始可用鸣炮、鼓掌或奏乐烘托气氛,然后宣布主要客人的名单,再依次致辞发言和其他活动,最后宣布礼成。

典礼结束后要及时欢送宾客,处理善后,结算账目,清理现场,慰问工作人员等,使典礼始终保持严密的组织、严格的纪律、完整的程序。

第五节　签约礼仪

> **学习目标**
> 了解在签约活动的组织实施过程中,应该遵循的礼仪规范。

企事业单位之间,经过协商,就某项事情达成协议,形成一个约定性文件,一般应举行签字仪式。

一、准备工作

1. 文本

对即将签署的文件,要事先由双方定稿,并印刷、装订妥当,双方各备一份。

2. 签字人

根据协议的性质确定,涉及面大的,应由主要负责人签字,涉及某一单项工作的,可由主管负责人签字。

3. 场地

选择宽敞的大厅,中间设一张长方形签字桌。桌面洁净,可铺深色台布,桌台放两把椅子,为签字人的座位。主方在左,客方在右(指其主观位置)。

文本可事先摆放在双方桌面上,也可由助签人或其他工作人员携带。

二、签字程序

1. 双方人员进入签字厅

签字人行至本人座位前站立等候。双方其他人员分主客并按身份顺序站在本方签字人之后。双方主要领导居中。助签人站在签字人靠边的一侧,来宾和新闻记者站在桌子前边,留适当空间。

2. 签字开始

双方助签人拿出文本,翻开应签字的一页,指明签字的地方。签字人在本方保存的文本上签字,必要时助签人要用吸墨器吸去字迹上的水分,防止污染,然后双方助签人互相传递文本。签字人再在对方保存的文本上签字。随后签字人双方交换文本,相互握手。

这时站在后面的双方有关人员也依次握手祝贺。有的还准备香槟酒,在签字后共同举杯祝贺。

3. 结束

签字后,双方相互握手庆贺,这时可以留影纪念,也可做简短讲话,然后结束。

拓展阅读6.3

国际商务谈判礼仪案例

双方经过长期洽谈之后,南方某市的一家公司终于同美国的一家跨国公司谈妥了一笔大生意。双方在达成合约之后，决定正式为此而举行一次签字仪式。因为当时双方的洽谈在我国举行，故签字仪式便由中方负责。在仪式正式举行的那一天，让中方出乎意料的是，美方差一点要在正式签字之前"临场变卦"。

原来，中方的工作人员在签字桌上摆放中美两国国旗时，误以中国的传统"以左为上"代替了目前所通行的国际惯例"以右为上"，将中方国旗摆到了签字桌的右侧，而将美方国旗摆到了签字桌的左侧。

结果让美方人员恼火不已，他们甚至因此而拒绝进入签字厅。这场风波经过调解虽然平息了，但它给了人们一个经验：在商务交往中，对于签约的礼仪不可不知。

签约仪式虽然往往时间不长，也不像举办宴会那样涉及许多方面的工作，但是由于它涉及各方面关系，同时往往是谈判成功的标志，有时甚至是历史转折的里程碑，因此，一定要认真筹办，一丝不苟。

在商务交往中，人们在签署合同之前，通常会竭力做好以下几个步骤的准备工作。

1. 确定签约人员

签字人应视文件的性质由缔约各方确定，双方签约人的身份应大体相当。出席签约仪式的人员，应基本上是参加谈判的全体人员。如果因某种需要一方要求让某些未参加会谈的人员出席，另一方应予以同意。双方出席人数应大体相等。

2. 必要的签约准备工作

首先是签字文本的准备，有关单位应及早做好文本的定稿、翻译、校对、印刷、装订、盖火漆印等各项工作，同时准备好签约时使用的文具、国旗等物品。

3. 布置签字厅

由于签字的种类不同，各国的风俗习惯不同，因而签约仪式的安排和签字厅的布置也各不相同。

在我国，一般在签字厅内设置一张长方形桌子作为签字桌。桌面覆盖深绿色台布，桌后放置两把椅子，作为双方签字人的座位，面对正门主左客右。座前摆放各自的文本，文本上端分别放置签字的工具。签字桌中央要摆放一个悬挂双方各自国家国旗的旗架。

需要同时悬挂多国国旗时，通行的做法是以国旗自身面向为准，让旗套位于右侧。越往右侧悬挂的国旗，被给予的礼遇就越高；越往左侧悬挂的国旗，被给予的礼遇就越低。

在确定各国国旗的具体位次时，一般按照各国国名的拉丁字母的先后顺序而定。在悬挂东道国国旗时，可以遵行这一惯例，也可以将其悬挂在最左侧，以示东道国的谦恭。

4. 签字仪式的程序

双方参加签字仪式的人员进入签字厅后，签字人入座，其他人员分主方和客方，按照身份顺序排列于各方的签字人员座位之后。双方的助签人员分别站立在各自签字人员的外侧，协助翻揭文本以及指明签字处。

在签完本本企业保存的文本后，由助签人员互相传递文本，再在对方保存的文本上签字，然后由双方签字人交换文本，相互握手。有时签字后，备有香槟酒，共同举杯庆贺。

(国际礼仪培训，国际商务谈判中的签约礼仪，http://internation.liyipeixun.org/guojishangwuliyi/qianyueliyi.html，2011-02-05 上传，2021 年 5 月 2 日摘录)

第六节　新闻发布会礼仪

学习目标
　　了解在新闻发布会的组织实施过程中,应该遵循的礼仪规范。

　　一个单位或组织要想让其他单位或公众了解自己的一些情况,从而建立相互信任、真诚相待的友谊,确立自身良好的社会形象,那么,最快的、最好的方式就是举行新闻发布会。通过公众可以信赖的新闻媒体,把组织的想法、计划等情况,开诚布公地传播出去。

　　新闻发布会又称记者招待会,是组织召集新闻记者并由发言人发布信息或回答记者提问的一种传播方式,其目的在于协调组织与公众的关系,赢得公众的理解和支持,创造和谐的社会环境,吸引更多的支持者和合作者,促进组织目标的顺利实现。

一、主题明确

　　新闻发布会的组织者一定要明确主题,以便确定邀请新闻记者的范围,做到有的放矢。如果主题不明,新闻记者就不可能按照组织者预定的目的传播信息,甚至会弄巧成拙,损害组织在公众心中的形象。

二、准备好资料

　　认真准备好新闻发布会所需的各种资料,如会议所需的文字、图片,主持人的发言稿,发言人答记者问的备忘提纲,新闻统发稿以及其他背景材料、照片、录音、录像等,以便开会前分发给记者,供他们提问、写新闻稿时参考。

三、选择好发言人

　　举办新闻发布会,一般由单位指定的发言人发布信息或回答记者提问。因此,事先确定好新闻发布会的发言人至关重要。发言人应能随机把握会场气氛,措辞文雅而有力,风趣而庄重,头脑要机敏,口齿清晰,具有较强的口头表达能力,尤其是当记者提出一些棘手的、尴尬的或涉及组织秘密的问题时,发言人更要头脑冷静,要么随机应变,要么用躲闪的方式避而不答,绝对不能认为这是记者在无理取闹而横加指责。

　　总之,开好新闻发布会是塑造良好社会形象的重要活动,可以有效地提高企业知名度和美誉度。

　　新闻发布会一般时间较短,服务程序也比较简单。

　　1. 场地布置

　　厅室内适度、灯光要适宜,要有比较舒适的座椅,要安静而无噪声。最好不设电话分机。在厅室正中处设主席台,主席台由会议桌、扶手椅布置而成。面对主席台摆设椅子、茶几,供与会者使用。布置椅子时,要根据出席的记者人数而定,4～5个椅子一组放置若干排,留出走道。厅室两侧摆一张长条桌,铺上台布。把冷饮容器擦净后上桌,并用一玻璃杯放置吸管,供客人自取。

厅室外设签到台,在厅室内外的合适地方摆放单位事先准备好的一些海报、易拉宝等宣传资料、放大的照片、录音带、录像带等,以便记者在现场观看。

2. 新闻发布会的程序

程序为:签到;分发会议资料;发布会开始,发言人讲话;回答记者提问;接受采访。

3. 服务礼仪要求

会前要把茶杯、冷饮、毛巾摆好。记者入场后,服务人员应热情照顾记者饮水,注意续添桌上的饮品,及时收回空瓶;引领主席台人员入座。所有服务人员退到厅内两侧。当主持人入场时,会议服务人员要协助主办单位人员疏通走道,同时要防止记者因抢拍镜头而碰到厅内陈设。

拓展

根据对以上资源信息的学习,结合自己搜集的其他相关信息,分组模拟某种商务活动,并以小组为单位互相检查,纠正改进,以加强对商务礼仪的掌握。

第七章 面试礼仪

面试是进入航空公司工作的必经之路,是一个非常重要的考核过程。民航面试过程是考官和应试者双方面对面地观察、交谈、了解和沟通的过程,也是短兵相接的斗智过程。

 小故事

松下幸之助的求职经历

松下幸之助家境贫寒,为了养家糊口,年轻的他到一家大电器公司求职。矮小瘦弱、衣服又破又脏的他被公司的人事部主管谢绝了:"我们现在暂时不缺人,你一个月以后再来看看吧。"

本是推脱之辞,可一个月后他真的来了,那位负责人又推托说有事,过几天再说。隔了几天他又来了,如此反复了多次,主管只好直接说出了真话:"你这么脏是进不了我们公司的。"于是他立即回去借钱买了一身整齐的衣服穿上再来。负责人看他如此实在,只好告诉他:"关于电器方面的知识,你知道得太少了,我们不能要你。"

不料两个月后,他再次出现在人事主管面前:"我已经学会了不少有关电器方面的知识,您看我哪方面还有差距,我一项项弥补。"这位人事主管盯着态度诚恳的他看了半天,才说:"我干这一行几十年了,还从未遇到像你这样来找工作的。我真佩服你的耐心和韧性。"

结果,他的毅力终于打动了这位人事部主管。他终于如愿以偿地进入了那家公司工作。

当下,求职者应该从松下幸之助成功求职之中学习到一些东西。比如,坚持不懈的精神。

第一节 准备面试

学习目标

(1) 知道如何了解应聘公司。
(2) 知道如何设计个人简历。
(3) 会设计符合招聘方要求的职业形象。

机会总是留给那些有准备的人,为了顺利地通过航空公司的面试,应该进行充分的准备。

一、明确求职目的

在参加航空公司面试之前,甚至是选择空中乘务专业之前,我们首先要自问:"我为什么要选择这个职业?我对这个行业了解吗?"明确自己的求职目的,是今后全身心投入工作的基础,同时也能够激励自己奋斗。

民航运输事业有着巨大的发展前景,空乘服务也是很多青年学子向往的理想职业。但要清楚,空乘服务工作并不是像大家羡慕的那样只有光鲜亮丽的外表,在光环的背后,是生活作息不规律、逢年过节不能与家人团聚等常人所不知的艰辛。所以选择空乘作为职业的人,需要对航空的未来发展、空乘的工作特点有一个清晰的认识。

二、了解用人单位

应聘一家航空公司之前,应该针对性地了解很多信息,包括该单位的企业标志、企业文化、发展沿革、组织结构、企业运作模式、薪酬水平、员工稳定性、发生的关键事件,以及他们期望职工在这个特定的岗位上应该具有的素质,还包括该用人单位的招聘具体要求、面试流程等。

这些信息可以从企业网站、求职网站、学校网页中的招生就业模块、大型招聘会,通过相熟朋友了解,以及一些专业贴吧的面试经验分享等渠道获取。对这些信息了解得越全面、越深入,面试的针对性就越强,面试的成功率就越高,也更加容易找到自己喜欢的工作。必要时,还可以提前去一次面试地点,以熟悉环境。

三、评估自身实力

看到招聘信息后,首先要根据招聘要求查看自身条件是否符合航空公司招聘的报名要求。这些基本要求包括专业是否对口、学历、英语水平、政治素质、身体及心理等方面是否达标、是否有相关的工作经验、是否具有某些特长、是否掌握第二外语等。航空面试的体检环节也要重视,最好自测是否达到航空公司给出的标准,例如视力是否达到要求、是否是X形腿或O形腿、身体有无明显疤痕和斑点、是否有腋臭、牙齿色质是否良好且排列整齐、身体是否健康等。

四、准备自荐材料

一份好的自荐材料是敲开面试之门的金钥匙。这里说的自荐材料包括个人照片、求职简历等。

(一)个人照片

个人照片主要指1寸免冠照、全身制服照和全身生活照。对于这些照片的拍摄,绝对不能随便应付,而应该精心准备。首先,可以到专业的大型影楼,请化妆师帮忙设计一个符合自身特点的职业妆容。其次,可以购买或租借一套质地上乘、大小合体、外观自然、彰显气质的职业装。最后,拍摄之前一定要养精蓄锐,呈现出最佳状态。有条件的话尽量选择较高水平的摄影师拍照。这样,就可以拍出比较理想的照片,以备参加各航空公司面试所需。

(二) 制作简历

1. 简历制作的原则

(1) 简历要"简"。当你的简历写完以后，尝试一下，是不是能够在 10 秒之内看完所有你认为重要的内容呢？就业专家认为，一般情况下，简历的长度以一页 A4 纸为限，简历越长，被认真阅读的可能性就越小，高端人才有时可以准备两页简历，但也要在简历的开头部分有简洁清楚的资历概述，以方便阅读者在较短时间内掌握基本情况，产生进一步阅读的愿望。

(2) 简历要"真"。不要试图编造工作经历或者业绩，谎言不会让你走得太远。首席职业规划师洪向阳指出，大多数的谎言在面试过程中就会被识破，更何况许多大公司（尤其是外企）在提供录取通知前会根据简历和相关资料进行背景调查。但真实性并非就是要把我们的缺点和不足和盘托出。洪老师认为不可以撒谎，但可以选择突出哪些内容或忽视哪些内容，要知道优化不等于掺假。

(3) 简历要"明"。首先就是要便于阅读。简历排版时需要综合考虑字体大小、行和段的间距、重点内容的突出等因素。其次，一篇好的简历，必须主题鲜明，中心突出，布局合理，逻辑清晰。是应聘"外语教师"还是"外贸业务员"或者"文秘"，全篇都要围绕一个主题，不要一篇简历看下来，人家还不知道简历作者究竟适合和想要做什么工作。主要的可以多写，次要的可以少写或不写。

2. 简历制作的内容

(1) 个人基本情况。有些学生的求职简历在介绍个人情况时非常详细，包括姓名、性别、出生年月、电话、政治面貌、身高、体重、家庭状况、婚姻状况等，建议大家不要把个人资料写得如此详细。姓名、电话、性别是必需的，出生年月可有可无，如果应聘国家机关、事业单位应该写政治面貌，如果到外企求职，这一项也可省去，其他几项都可以不写。

可以写自己的一些特长，比如会弹琴，唱歌或下棋拿了奖，是乐队的主唱之类的；尽量避免千篇一律的主观的话，如开朗，活泼，交际能力强。不具体的爱好不要写，比如喜欢音乐之类的，过于大众化的爱好也不太合适。

(2) 个人技能实践。高中的经历一般不写，但竞赛获奖的可以突出一下。第二外语，辅修专业，国外交流，所学课程及所获奖学金、奖励等写的时候注意空间，课程、奖学金的罗列有时可以让简历多些内容，但有时会喧宾夺主。所学课程列主要课程，要考虑和所申请公司比较相关或公司比较看重的课程。

简历上应提供客观证明资历、能力的事实和数据。如"2021 年成功组织多少人参加的××活动，因为表现出良好的协调组织能力而获得××"。为了尽可能客观，简历中尽量避免使用第一人称"我"。

简历包含的信息量大，因此需要言简意赅。荣誉以及兴趣爱好虽多，但我们需要有所取舍，选择与求职单位的求职岗位最贴切的以及最有影响力的。很多航空公司对英语的要求较高，有些航空公司对于拥有全国大学生英语四级、六级证书的人会优先录取。

3. 简历制作的要求

反复检查：有无错别词或拼写错误，有无标点符号错误，有无对齐错误，有无语法错误，有无时态错误，有无前后不一致错误……可以打印出来看看效果，很多错误可能在计算机里看不出来。

反复检查内容：简历内容是否具有针对性,是否强调了你的个人优势,是否每项内容都有意义。

4. 简历之"五要"

(1) 数字化个人技能。比如写出自己通过普通话考试、英语等级考试的具体分数。

(2) 突出实践经历。实践包括实习、兼职和社会实践等。作为应届毕业生,因为没有工作经历,最能体现出你工作能力的便只有在社会实践中的经历,所以简历中的"社会实践"必须浓墨重彩。

(3) 一份简历针对一个岗位。申请什么,简历就写什么。简历的针对性至少要达到70%。在简历里要特别对应招聘的职位强调和突出那些关键词。比如,对方招一个数据录入员,而你的简历中突出的却是硕士或博士之类,其实,对于这个职位,雇主最关心的是打字速度。

(4) 确保联系方式有效。

(5) 突出姓名。

5. 简历"六不要"

(1) 不要出现拼写、语法、标点错误,打印出来整体效果要好,不能偏、歪。

(2) 不要过多使用长句。也不能一行只有一两个字。

(3) 对于应届毕业生来说,最好不要提具体的薪金要求。

(4) 简历不要太花哨。有的人为了给自己的简历生辉,把大量花哨、华丽的词句堆砌在一起,或大量使用成语、俗语,还有些人喜欢在简历中用些生僻的字、句或喜欢用些繁体字,本想展示自己的才华,有时会适得其反。

(5) 不要太谦虚。虽然说不要自吹自擂,炫耀浮夸,但也不要太谦虚和含蓄。一定要巧妙地且不会引起别人反感地推销自己,并且在简历描写中突出自己的优势,显得有信心、有实力。

(6) 不要包含太多私人信息或无关信息。在个人简历上写上个人信息如婚姻状况、血型、身高体重等已经不再是必需的,很多公司都乐意接受没有个人信息的简历,所以大可不必把个人信息写到个人简历上去。

五、设计个人形象

值得注意的是,不同的航空公司对于员工的仪容、仪表的要求不尽相同。因此,在应聘某家航空公司之前,一定要仔细研究该公司对于员工职业形象的具体要求,有针对性地设计自己的面试形象。下面,本书只对面试过程中的常规形象要求进行阐述。

(一) 男士面试形象

1. 西装衬衫

(1) 西装应保持同色配套,面料最好以深色或深蓝色为主。避免穿着过于老旧的西装。

(2) 不要穿新西装去参加重要公司的面试,七八成新的服装最自然适宜。

(3) 正式面试时,以长裤并熨烫笔挺为好。裤子长度以直立状态下裤脚遮盖住鞋跟的四分之三为佳。

(4) 经典白色衬衫永不过时,而蓝色衬衫是 IT 行业男士的最佳选择,能体现出智慧、沉稳的气质。不要穿带图案的或条纹衬衫。天然纤维衣料最好,因为棉布容易起皱。

(5) 面试前,要将衣服洗熨干净。

2. 领带

(1) 领带最好在材质和风格上与已有的西装、衬衫相同。领带的长度以至皮带扣处为宜。最好不要使用领带夹,使用领带夹只是亚洲少数国家的习惯,具有很强的地区色彩,不是国际通行惯例。

(2) 尽量选择颜色明亮的领带。太过鲜艳会显得花俏,以能带给他人明朗、良好印象较为适宜。

(3) 领带材质只有一种可接受的选择——真丝,亚麻的经常起皱,毛制的太随便,合成纤维的不好打结,看上去又很便宜。

3. 鞋和袜子

(1) 别穿球鞋应聘,皮鞋也尽量不要选给人攻击性感觉的尖头款式,方头系带的皮鞋是最佳选择。

(2) 西装和皮鞋的颜色以保守为原则,面试时最好避免穿着过分突兀的颜色。黑色皮鞋是最为保险稳妥的选择。虽然是黑色皮鞋,但是也一定要经常擦拭,保持鞋面的清洁光亮。

(3) 袜子颜色最好和鞋、裤子的颜色一致,保持足够的长度,以袜口抵达小腿为宜。

4. 细节注意

(1) 如果穿双排扣西装,纽扣一定要全部扣上;单排扣的西装在正式场合须扣上一个;两粒扣的应扣上不扣下;三粒扣的应扣中间一粒。

(2) 戴眼镜的朋友,镜框的配戴最好能使人感觉稳重。

(3) 浓重的体味、口臭属大忌,刮胡水是男性香水适当的替代品。

(4) 不要将钥匙、手机、零钱等放在裤袋中。

(5) 发型要得体,不要在面试前一天理发,头发不能过长,不能染发、烫发,更不能戴首饰。

(二) 女士面试形象

1. 化妆

(1) 面试适宜化清爽自然、明快轻松的淡妆,会使面色看起来红润、朝气蓬勃,显得人更有亲和力。切忌浓妆艳抹。

(2) 发型要中规中矩,如果是长发最好束起来,如果散开一定要干净,最好不要烫发。

(3) 不宜擦拭过多的香水。

(4) 不要染指甲,指甲一定要保持整洁。

2. 饰品

(1) 最好不戴戒指。小巧的耳环可以令人接受。身体的其他部位千万不可佩戴珠宝。

(2) 面试时,公文包或手包只可带一个,不能两个都带。

3. 衣着

(1) 在选择衣服上,套装和连衣裙是比较正式的。女式套装在选配方面较男士西装更为讲究,也更为繁复。但不论什么季节和地区,如果只买一件套装,深色套装是最稳妥、最保险的。

(2) 过短的裙子、暴露的上衣出席正式场合会让人觉得不礼貌。裙装长度应在膝盖左右或以下,太短有失庄重。

(3) 面试时应穿高跟鞋,最好避免穿平底鞋。鞋跟3~5厘米为宜。

(4) 服装颜色以淡雅或同色系的搭配为宜,颜色不要过于花哨。

六、调整面试心态

1. 保持平常心态,看淡成败

记住:你通常需要五次以上的面试机会才能得到一份理想的工作,不要把成功的希望全部寄托在一个公司一次面试机会上。

2. 心情放松,增强自信

面试前保证充足的睡眠,提前10分钟到达,进入房间前调整自己、深呼吸。

拓展阅读7.1

面试中的诚信测试

小林刚刚跨进老板的办公室,老板就惊喜地站起来,紧紧握住他的手说:"世界真是太小了,怎么会在这儿碰到你?上次游湖,我女儿掉进湖中,多亏你救了她,可我当时忘记问你的名字了。你快说,你叫什么?"小林被弄糊涂了,但他很快想到可能是老板认错人了。于是他坚定地说:"先生,我没救过人,至少目前还没救过人,你是不是认错人了?"但老板依然一口咬定没错,千真万确,而小林则坚持否认。过了一会儿,那老板拍了一下小林的肩膀说:"你的面试通过了,到人事部报到吧!"

拓展阅读7.2

招聘高级管理人才

有一家要招聘高级管理人才的公司,对一群应聘者进行复试。尽管应聘者都很自信地回答了考官们的简单提问,结果却都未被录用,只得快快离去。这时,有一位应聘者,走进房门后,看到了地毯上有一个纸团。地毯很干净,那个纸团显得很不协调。这位应聘者弯腰捡起了纸团,准备将它扔到纸篓里。这时考官发话了:"您好,朋友,请看看您捡起的纸团吧!"这位应聘者疑惑地打开纸团,只见上面写着:"热忱欢迎您到我们公司任职。"几年以后,这位捡纸团的应聘者成了这家公司的总裁。

拓展阅读7.3

细节决定成败

某外资企业招工,报酬丰厚,要求严格。一些高学历的年轻人过五关斩六将,几乎就要如愿以偿了。最后一关是总经理面试。到了面试时间,总经理突然说:"我有点急事,请等我10分钟。"总经理走后,踌躇满志的年轻人们围住了总经理的大办公桌,你翻文件,我看来信,没一人闲着。10分钟后,总经理回来了,宣布说:"面试已经结束,很遗憾,你们都没有被录取。"年轻人们惊诧不已:"面试还没开始呢!"总经理说:"我不在的期间,你们的表现就是面试。本公司不能录取随便翻阅领导文件的人。"年轻人全傻了。

第二节　模 拟 面 试

> **学习目标**
> (1) 提高自己的自信度。
> (2) 能够自如地展示自我。
> (3) 能够熟练应对面试中出现的问题。

一、初试目测训练

1. 进入考场

精神饱满，自信步入，面带微笑，面向考官，向考官行注目礼。女生以腹前握指式站姿、男生以后背式站姿站立于指定位置。

2. 接受目测

精神饱满，保持指定站姿，面带微笑看向考官席。仔细聆听考官指令，保持身体平衡，绕场走时注意与考官的眼神交流，头部转动不要过于机械。

航空公司面试——目测

3. 退出考场

结束致谢，致以 30°鞠躬礼，后退一步，女生腹前握指式站姿，男生后背式站姿，转身，向考官行注目礼，退出考场（图 7-2-1）。

图 7-2-1　模拟面试

二、复试应答训练

1. 进入考场

精神饱满,自信步入,面带微笑,面向考官,向考官行注目礼。女生以腹前握指式站姿、男生以后背式站姿站立于指定位置。

2. 礼貌问好

按照序号顺序,上前一步,女生以腹前握指式站姿、男生以标准式站姿向考官致意,行30°鞠躬礼。

3. 自我介绍

自我介绍示例

（1）称呼适当。应该称呼"考官",而非比赛中的"评委"。

（2）表达准确。清晰地报出自己的考号,自然流畅,声音洪亮,语速适中。

（3）重点突出。表达思路清晰,陈述强项和优势,突出成就、专业技能、特长爱好等。

（4）临场表现。目光平视前方,面带微笑,放松心情,避免紧张,如出现遗忘,不要试图重新开始,用"谢谢"结束即可,不要作背书状,慎用手势,保持挺拔的姿态。

4. 应答训练

（1）你求职的动机是什么?

不要盲目地对公司进行赞美。建议从行业、企业、岗位三个角度回答,如"我十分看好贵公司所在的行业,我认为贵公司非常重视人才,而且这项工作很适合我,相信自己一定能做好。"

（2）你了解我们公司吗?

假如你在面试前做了很好的相关研究分析,不妨就公司发展战略问一个微观、具体问题,但不能一无所知,总之要在了解的基础上进行探讨。

（3）你有什么特长?

①本人的优点是好静、稳重、办事认真,特长是计算机操作能力较强。②我是会计专业毕业生,专业学习成绩较好。③我的特长是英语口语较好,优点是热情开朗,喜欢和人打交道,喜欢旅游和运动。④特长说不上,优点是心直口快,待人热情。

（4）你有过求职的经历吗?

①我这是第一次求职。②我去过一些单位求职,都没成功,原因是双向的,但主要是我不愿意去。③我去过两家单位求职,一家是××公司,另一家是××公司,都认为我不错,准备录用我。

（5）你是应届毕业生,缺乏经验,如何胜任?

回答应诚恳、机智、敬业。例如,"读书期间,我一直利用各种机会在这个行业做兼职。我也发现,实际工作远比书本知识丰富、复杂。但我有较强的责任心、适应能力和学习能力,而且比较勤奋,在兼职中均能圆满完成各项工作,从中获取的经验也令我受益匪浅。请放心,学校所学及兼职经验使我一定能胜任这个职位。"

（6）你有什么要求吗?

①没有什么要求。②我家在外地,希望解决住处。③我还没有考虑好,不过要求婚后解

决住房问题,工资和福利待遇较为合理。

(7) 如果录用你,你将怎样开展工作?

最好不要直接说具体办法,可用迂回战术。例如,"首先听取领导的指示和要求,然后就有关情况进行了解和熟悉,接下来制订一份近期工作计划,报领导批准,最后根据计划开展工作。"

(8) 你认为公司所处的行业前景如何?

此题主要是了解求职者对行业及产业现状的理解及展望,因此,建议在面试前做一些功课,查阅一些行业资料,最好加上自己的理解。

(9) 你是否愿意从基层做起?

此题主要考查应聘者是否是一个踏实肯干而非眼高手低的人。职场新人可以表示自己愿意从基层开始锻炼自己。

(10) 你的优势和劣势是什么?

此题是为了测试应聘者对自己的客观认识。可以准备几个事例加以证明,或加上其他人的观点,应避免抽象的陈述,而以具体的体验及自我反省为主,使内容更具有吸引力。

(11) 你有什么业余爱好?

业余爱好能在一定程度上反映应聘者的性格、观念、心态,最好用户外的、乐群的爱好点缀形象。

(12) 你的座右铭是什么?

座右铭能在一定程度上反映应聘者的性格、观念、心态,最好能反映自己某种优秀品质,例如,"只为成功找方法,不为失败找借口"。

5. 退出考场

结束致谢,致以30°鞠躬礼,后退一步,女生腹前握指式站姿,男生后背式站姿,转身,向考官行注目礼退出考场。

注意:应聘者坐着进行面试时,在听到"请坐"后,须致谢后方可在指定位置轻稳坐下。一般只坐椅子的前二分之一。女生双膝并拢,采用标准式、前伸后曲式或测点式。男生双腿可微微分开,采用标准式。

三、模拟笔试考查

1. 笔试准备

准备好笔、准考证、身份证等,了解考试重点。

2. 模拟笔试

浏览试卷,看清题目,区分试题分值,合理分配时间,不要出现漏题等低级错误。注意保持卷面整洁,字迹清晰。

四、反思与提高

每位同学通过自我评价、小组成员互评和教师评价等方式,找出自身存在的问题和下一步改进的方法。

五、拓展知识

1. 航空公司招聘空乘基本要求

（1）年龄一般为18～23岁，但也有航空公司将年龄限制在22岁以下。

（2）五官端正、仪表清秀、身材匀称。

（3）女性身高164～173厘米，男性身高173～183厘米。

（4）口齿清楚，普通话标准。

（5）身体裸露部位无明显疤痕。

（6）无口臭、腋臭、皮肤病，走路无内外八字。

（7）听力不低于5米。

（8）无精神病史及慢性病史。

（9）学历要求一般大专及以上，也有航空公司无此要求。

（10）要求流利的英文或基本的会话能力，其他小语种优先。

2. 面试的八种高级错误

（1）与面试官"套近乎"。具备一定专业素养的面试官是忌讳与应试者套近乎的，因为面试中双方关系过于随便或过于紧张都会影响面试官的评判。过分"套近乎"也会在客观上妨碍应试者在短短的面试时间内，做好专业经验与技能的陈述。聪明的应试者可以列举一两件有根有据的事情来赞扬招聘单位，从而表现出对这家公司的兴趣。

（2）为偏见或成见所左右。有时候，参加面试前自己所了解的面试官形象或该招聘单位的负面评价会左右自己面试中的思维。误认为貌似冷淡的面试官或是严厉或是对应试者不满意，因此十分紧张。还有些时候，面试官是一位看上去比自己年轻许多的女士，心中便开始嘀咕："她怎么能有资格面试我呢？"其实，在招聘面试这种特殊的采购关系中，应试者作为供方，需要积极面对不同风格的面试官即客户。一个真正的销售员在面对客户的时候，他的态度是无法选择的。

（3）慷慨陈词，却举不出例子。应试者大谈个人成就、特长、技能时，聪明的面试官一旦反问："能举一两个例子吗？"应试者便无言应对。而面试官恰恰认为：事实胜于雄辩。在面试中，应试者要想以其所谓的沟通能力、解决问题的能力、团队合作能力、领导能力等取信于人，唯有举例。

（4）缺乏积极态势。面试官常常会提出或触及一些让应试者难为情的事情。很多人对此面红耳赤，或躲躲闪闪，或撒谎敷衍，而不是诚实地回答、正面地解释。例如，面试官问："您为什么有那么多课程只考了60多分？为什么没有任何奖励？为什么没有担任过任何学生干部？"等。

（5）不善于提问。有些人在不该提问时提问，如面试中打断面试官谈话而提问。也有些人面试前对提问没有足够准备，轮到有提问机会时不知说什么好。而事实上，一个好的提问，胜过简历中的无数笔墨，会让面试官刮目相看。

（6）对个人职业发展计划模糊。对个人职业发展计划，很多人只有目标，没有思路。比如当被问及"您未来3年事业发展计划如何？"时，很多人都会回答说"我希望3年之内晋升××职位"。如果面试官接着问"为什么？"应试者常常会觉得莫名其妙。其实，任何一个具体的职业发展目标都离不开你对个人目前技能的评估，以及你为胜任职业目标所需拟订大概的技能发展计划。

（7）假扮完美。面试官常常会问："您性格上有什么弱点？您在学习过程中受过挫折吗？"有人会毫不犹豫地回答："没有。"其实这种回答常常是对自己不负责任的。没有人没有弱点，没有人没有受过挫折。只有充分地认识到自己的弱点，也只有正确地认识自己所受过的挫折，才能造就真正成熟的人格。

（8）被"引君入瓮"。面试官有时会考核应试者的商业判断能力及商业道德方面的素养。比如，面试官在介绍公司诚实守信的企业文化之后或索性什么也不介绍，问："您作为财务经理，如果总经理要求您1年之内逃税1000万元，那您会怎么做？"如果你当场抓耳搔腮地思考逃税计谋，或文思泉涌，立即列举出一大堆方案，都证明你上了他们的圈套。实际上，在几乎所有的国际化大企业中，遵纪守法是员工行为的最基本要求。

拓展阅读7.4

航空专业面试需注意什么

航空专业面试需要注意哪些情况？怎样参加面试能让主考官对你印象深刻？

考生面试时不要穿得太休闲，要尽量往职业装上靠。留长发的女生必须把头发梳起来，不要披头散发。可以适当化点淡妆，显出学生本色，不要成人化。说话时语速尽量放慢，说话声音亲切，面带微笑。

注意，学生与考官对话时，不要左顾右盼。体检时不宜穿裙子，也不能穿紧身衣裤。不要穿运动鞋，不妨穿上稍稍有跟的皮鞋而非高跟鞋，这样做能够显出学生的大方。

避免使用"口头禅"。语言表达能力在面试中占据重要地位，学生在回答考官问题时，要注意切题。

性格外向、善于与人沟通的学生比内向者更适合从事服务型行业。通常而言，大多数考生不太可能直观地接触航空或空港行业，因此，考场上的自由发挥是必不可少的。而面试也是为了考查学生的心理素质，观察他们面对突发事件的判断力和处理问题的能力。

考生还需要注意以下几点。

（1）复习英语口语。

（2）注意服装搭配，不要染发及佩戴首饰。

（3）要有礼貌。航空服务是为别人提供服务，不懂得礼仪，没有一定的素养，是不能胜任这项工作的。

（4）不用紧张，考核的重点偏向与"硬件"有关的方面，也就是学生的天资条件，是后天无法改变的，这将决定学生能否从事该行业，比如身高。"软件"（如面部表情）的可塑性很强，是学生进入学校后重点培养的方面，因为可以改变，考官往往会比较包容。

考生务必要注意服饰打扮。首先，不要穿背带裤。其次，打扮得清纯，以淡妆为好，追求本色美，切勿浓妆艳抹，失去"学生气"。最后，不要穿太前卫的服装，不要穿宽松的服装，否则无法显出身材，也不要穿着过于暴露。另外，与裙子相比，西裤是不错的选择。总之，要穿着得体，扬长避短。

另外，面试当天，考生要努力保持微笑，以自己的亲和力给人留下深刻印象。

（佚名，航空专业面试需要注意什么，http://blog.sina.com.cn/s/blog_8b8b34ea0101jspy.html，2014-05-27上传，2021年5月2日摘录）

拓展阅读7.5

面试注意事项

1. 基本礼仪

一般不应由亲友陪同面试，避免给人留下不成熟的印象。

不要紧张，保持自信和自然的笑容，一方面有助于放松心情，令面试的气氛变得更融洽愉快；另一方面，可令考官认为你充满自信，能面对压力。

2. 面试前

应对所有职员保持礼貌，要知道，他们可能成为你的同事。进门前先敲门，和主考人礼貌地打招呼。

3. 面试时

谈话时要与考官有恰当的眼神接触，给主考官诚恳、认真的印象。点头不可太急，否则会给人留下不耐烦及想插嘴的印象。谈话时切忌东张西望，此举有欠缺诚意之嫌。

待主考人邀请时才礼貌地坐下，坐的时候要保持笔直。

留意自己的身体语言，要大方得体。跷腿、左摇右摆、双臂交叠胸前、单手或双手托腮都不适宜。

4. 切忌一些缺乏自信的小动作

应避免把弄衣衫、领带及将手插进裤袋内。不宜经常拨弄头发，过分造作。避免把弄手指或原子笔、眼镜及说话时用手掩嘴。面试完结离去时，向主考人道谢并说"再见"。

5. 回答问题的态度

态度诚恳，不宜过分客套和谦卑。不太明白主考人的问题时，应礼貌地请他重复。陈述自己的长处时，要诚实而不夸张，要视空乘职位的要求，充分表现自己与其有关的能力和才干。不懂得回答的问题，不妨坦白承认，否则不懂装懂被主考人揭穿反而会弄巧成拙。

6. 语气、语调

语调要肯定、正面，表现信心。避免中文、英文夹杂。尽量少用语气助词，避免给主考人一种用语不清、冗长、不认真及缺乏自信的感觉。

7. 其他

讲错话要及时补救。在讲错话之后，你也不要放弃，必须重新振作，继续回答其他问题。

不要打断主考人的话，因为这是非常无礼的行为。主考人可能会问你一些与职位完全无关的问题，目的在于进一步了解你的思考能力及见识，不要表现出不耐烦或惊讶，以免给用人单位留下一个太计较的印象。切忌因主考人不赞同你的意见而惊慌失措。部分主考人会故意反对应聘者的意见，以观察他们的反应。

8. 消除紧张情绪的策略

不管面试者心情处于怎样的状态，一旦考官叫到你进去面试，紧张的情绪就会情不自禁地产生，心就好像一下子提到了嗓子眼上，这时就需要有意识地进行自我放松。

面试者有紧张的情绪是在所难免的，但如果过分紧张就会影响到面试的效果，那么，如何才能消除紧张呢？有以下五个有效的做法。

（1）礼貌的话大声地说。一般情况是，当人在紧张时大声说上几句话，会缓解一下紧张的情绪。当面试者走进考场，一进门，就强迫自己向在座的考官响亮地打声招呼："你们好，我是××。"这就是一石二鸟,既展示礼貌,又可稳定自己的情绪,这样心情会轻松很多。

(2)放慢讲话速度。不管是谁,一旦紧张起来,说话就会像打机关枪一样,速度极快,而且说得越快,就越紧张,这就要控制自己说话的速度,让字一个一个地从口中吐出来,速度放慢了,心情也就没有那么紧张了。

(3)每句话说得清楚明白。紧张时,容易使语尾含糊,给人一种有气无力的感觉,如果加重语尾发音,说得缓慢响亮,有助于消除紧张。

(4)如实说出自己心情紧张,不妨直接对面试官说:"对不起,我有点紧张。"面试官会给你鼓励,你的紧张情绪也会逐渐消失。面试官不会因此而扣你的分,相反可能会认为你有幽默感而给你加分。

(5)面试时目光的位置要放到合适的地方,眼睛对着对方额头有利于消除紧张,两眼盯着面试官的双眼,自然感到紧张,低着头或东张西望,又会给人一种不沉着的感觉,最好的办法是:面对面试官坐下后,脸对着面试官的眼睛,但目光却落在面试官的额头上,这样既可以给面试官一种专心听讲的良好印象,又会使自己的紧张情绪得以缓解和消除。

(佚名,面试注意事项,https://wenku.baidu.com/view/afe6bc6bf8b069dc5022aaea998fcc22bdd14348.html,2020-09-28上传,2021年5月2日摘录)

拓展

根据对以上资源信息的学习,以小组为单位,进行模拟面试,其他小组作为考官。反复练习,直到能够自如地进行表达。

第八章　地面服务礼仪

民航地面服务属于民航旅客运输的一个业务环节。民航旅客运输总体划分为客票销售、地面服务和空中运输三大部门。

 小故事

海航常旅客服务柜台带班主管刘娟常常会遭遇"突发事件"：一天，海口—广州的HU7001航班15分钟之后就要停办登机手续了，而乘坐本次航班的张先生还在赶往机场的路上，"我的机票是在机场取票，能不能帮我办一下登机手续，我必须要乘坐这趟航班！"当张先生匆匆赶到时，还有15分钟飞机就起飞了。刘娟一边快速为其代办了登机手续，一边用话筒通知现场调度做好衔接，一路小跑提着张先生的行李箱赶往登机口……张先生还未来得及说声谢谢，机舱门已重重地关闭，"终于赶上了。"刘娟长长地舒了口气。

类似这样的事件太多了，刘娟为了保证航班的正常起飞，必须对每天的机票订单时间掌握在心。有时一个航班甚至有五六名旅客晚到，电话一个接一个地拨，刘娟能急旅客之所急，想旅客之所想："有的旅客确实因为路况原因未能及时赶到机场，耽误了航班或许就耽误一份重要的合同订单啊。"可当想着因一个人的晚到而耽误机上100多人的时间时，刘娟笑称自己"左右不是人"，旅客、值机、安检、调度每一个环节都需要她来协调，刘娟热情、耐心的服务态度让旅客都自觉地敬佩她。

（宋晨亮，黄增燕."大"意识——记海南航空公司优质地面服务［N/OL］. http://www.carnoc.com/business/ad/hnair/kdfwzt2/df/20.htm. 2018-07-10［2021-05-02］）

第一节　地面服务人员服务规范

学习目标
了解机场地面服务的礼仪规范。

一、女士仪容的要求

女士的仪容仪表要求包括女士的发型发式、女士的面部修饰、女士的着装、女士的丝袜及皮鞋的配合，以及女士携带的必备物品等内容。

1. 化妆

执行对客服务时,女士化妆应以淡雅、清新、自然为宜。

一些简单的化妆方法有:先用清洁霜清洁皮肤;用粉底液打底,改善脸的肤色;眼的化妆,先从眼睑开始,在眼皮折线以下,从内眼角到外眼角施上眼影粉,要使用柔和的色彩,如淡紫色或棕色,最后用粉扑将眼影粉的边缘涂开一些,以显得柔和。

用眼线笔在睫毛下勾出与眼影相协调的眼线,首先在上眉毛的根部用深棕色、灰色或黑色眼线笔淡淡地点出一条虚线,再用眼线笔将这些虚点画成一条柔和的线。用棕色或黑色睫毛膏施到睫毛端部,先从内向外刷,然后从下向上刷。

在涂抹腮红前,先对镜子笑一笑,将腮红涂抹在双颊高起的部位,然后用手指轻轻向眼角拍上去,这样会产生类似天然红润的效果。

工作妆绝不可浓妆艳抹,口红也不可涂得过于鲜红。在服务间歇应注意随时补妆,这样可以给旅客一种精神饱满的感觉。

在面部修饰时要注意卫生问题,认真保持面部的健康,防止由于个人不讲究卫生而使面部经常疙疙瘩瘩的或长满痤疮。

注意面部局部的修饰,保持眉毛、眼角、耳部、鼻部的清洁,不要当众擤鼻子、挖耳朵。

2. 体味

注意口腔卫生,坚持刷牙、洗牙,在对客服务前一天不吃带刺激性味道的食物。坚持每天清洗身体及头发,不要让异样的体味影响旅客的心情。在对旅客服务前,可依据自身文化、气质、个人喜好等特点,适当喷洒淡雅的香水。

3. 美化手部

注意手部的美化,手和指甲应随时保持清洁,要养成勤洗手的好习惯,手上要经常擦润肤霜,以保持手部的柔软,要养成经常剪指甲的好习惯,不要将指甲留得过长,更不要在指甲上涂上浓烈、艳丽的甲油,给旅客一种不卫生的感觉。

4. 头发

头发要保持干净整洁,有自然光泽,不要过多使用发胶;发型要美观、大方、高雅、得体、干练,前发不要遮眼为好,女士选择发卡、发带的时候,式样应庄重大方。

5. 着装

职业着装需要注意,衣服要干净整洁,款式要尽量合身。在选择丝袜以及皮鞋的时候,需要注意的细节:丝袜的长度一定要高于裙子的下摆。皮鞋应该尽量避免鞋跟过高或过细。

在选择佩戴饰品的时候,需要注意:服务礼仪的目的是体现出对客人的尊重。修饰物如戒指、耳环等,应尽量避免过于奢华。

二、男士仪容的要求

1. 头发

男士的发型发式标准就是干净整洁,要注意经常修饰、修理。头发不应过长,前面的头发不要遮住眉毛,侧面的头发不要盖住耳朵,后面的头发不要长过西装衬衫领子的上部,头发不要过厚。

2. 面部修饰

每天要剃须、修面以保持面部清洁；男士经常会接触到香烟、酒等有刺激性气味的物品，所以在对旅客服务时要随时保持口气的清新。

3. 着装

着职业装的男士衬衫的搭配要适宜。衬衫的颜色要和职业装整体颜色协调，同时衬衫不宜过薄或过透，特别是穿浅色衬衫的时候，衬衫里面不要套深色的内衣或保暖防寒服，特别要注意不要将里面的防寒服或内衣露出领口。

打领带的时候，衬衫的所有纽扣，包括衬衫领口、袖口的纽扣都应该扣好。领带的颜色要和衬衫、职业装颜色相互配合，整体颜色要协调，同时要注意长短配合，领带的长度正好抵达腰带的上方或有一两厘米的距离，这样最为适宜。

职业着装的情况下，一般要配以皮鞋，杜绝出现运动鞋、凉鞋或布鞋，皮鞋要保持光亮、整洁。要注意袜子的质地、透气性，同时袜子的颜色必须保持和服装整体颜色协调。如果穿深色皮鞋，袜子的颜色应以深色为主，同时要避免出现比较花的图案。

一般情况下，杜绝在对旅客服务场合穿夹克衫或者西装与高领衫、T恤衫、毛衣搭配，这些都不是十分稳妥的做法。

4. 修饰物

通常，修饰物包括公司的徽标和笔。

（1）公司的徽标需要随身携带，它的准确佩戴位置是男士服装的左胸上方，这是男士在着职业装时需要搭配的物品。

（2）因为从事服务活动要经常使用，笔的正确携带位置应该是男士西装内侧的口袋，而不应该是男士西装的外侧口袋，一般情况下我们也应尽量避免把它携带在衬衫的口袋里，这样容易把衬衫弄污。

三、行为举止要求

接待旅客使用规范服务用语，讲标准普通话，音量适度，话语清晰。主动礼让旅客，交谈时有目光交流，手势、动作适度，指示方向标准。

善于倾听对方的讲话，留心对方的要求，不卑不亢，应使用请求、建议、劝告式语言。

接待旅客时，不能漫不经心，应适当附和与接话，不能打断对方的谈话，不能忽略敬语。

交谈时不能触及对方的弱点和短处，不能自夸，不能发牢骚，不能争论，不要窃窃私语。

坐姿应端正，不得跷二郎腿，不得将腿搭在工作台、座椅扶手上。

不得三人并行，不得搭肩、挽手、挽腰而行，与旅客相遇应侧身，不得从两人中间穿行，请人让路要说"对不起"。

对旅客应称呼"先生""小姐""女士"或"您"，如果知道姓氏的，应称呼其姓氏；指第三者时不能讲"他"，应称"那位先生"或"那位小姐（女士）"。

不得当众挖耳、抠鼻、修剪指甲、脱鞋。

公众场合咳嗽、打喷嚏时应转向无人处，并在转身时对旅客说"对不起"。

不得用手指或物品指旅客，或为他人指示方向。用手指示方向时，要求手臂伸直，四指并拢，大拇指自然弯曲，掌心自然内侧向上。

不得扎堆聊天、看报纸、做与工作无关的事情，不得在工作现场接打电话。

遇无礼旅客时应保持平稳心态,不能与旅客正面发生冲突。

妥善安排就餐时段和地点,避免在旅客公共区域产生影响航站楼形象和环境的行为。

管理人员不宜在旅客面前批评员工。

四、民航服务意识

1. 旅客优先

"客人优先"是指在服务工作中,服务产品设计的出发点是旅客的需求,而不是服务提供者的生产能力;服务是以旅客为中心,以旅客满意为出发点,而不是以方便服务提供者为出发点;服务过程中,在言谈举止等行为方面,旅客的感受为先。

2. 旅客永远是对的

(1) 要充分理解旅客的需求。如果旅客提出超越民航服务范围,但又是正当的需求,这并不是旅客过分,而是我们服务产品的不足,所以我们应该尽量作为特殊但又是合理的服务予以满足。如果确实难以满足,必须向旅客表示歉意,取得旅客的谅解。

(2) 要充分理解旅客的想法和心态。对旅客在民航外受气而迁怒于民航服务人员,或因身体、情绪等原因而大发雷霆,对此出格的态度和要求,我们应该给予理解,并以更优的服务去感化旅客。

(3) 要充分理解旅客的误会。由于文化、知识、地区等差异,旅客对民航的规则或服务不甚理解而提出种种意见,或拒绝合作,我们必须向旅客做出真诚的解释,并力求给旅客以满意的答复。

(4) 要充分理解旅客的过错。由于种种原因,有些旅客有意找碴,或强词夺理,我们必须秉承"旅客总是对的"的原则,把理让给旅客,给旅客面子。

(5) 要充分理解旅客的"无知"并接受我们的服务对象。接受服务对象要求我们不论旅客是谁,不论旅客的素质如何,我们都应积极、热情、主动地去接近旅客,亲和、友善地接受旅客,不能怠慢、冷落旅客,更不能挑剔、排斥服务对象。这不仅体现在思想上,更应该体现在实际行动上。

3. 民航服务黄金法则

服务的黄金法则就是想要别人怎样对待你,你就怎样去对待别人。

4. 民航服务白金法则

服务白金法则是美国托尼·亚历山德拉博士与人力资源顾问、专家迈克尔·奥康纳博士研究的成果。白金法则的精髓就在于"别人希望你怎样对待他们,你就怎样对待他们",从研究别人的需要出发,然后调整自己的行为,运用我们的智慧和才能使别人过得轻松、舒畅。

运用到民航服务中,其本质是以旅客为中心,满足旅客的消费需求,为旅客创造价值,使旅客价值最大化、旅客成本最小化。

民航服务在运用白金法则时,有以下三个要点必须注意。

(1) 旅客行为合法。旅客行为合法是前提,法律是民航服务的底线。

(2) 服务应以旅客为中心,服务产品的设计以旅客需要为出发点,服务质量标准以旅客满意为起点,对客服务规定及服务礼仪以方便旅客为前提,旅客需要什么,就要尽量满足旅客什么。

(3) 旅客的需要是基本的标准,而不是我们想做什么就做什么。

五、民航服务礼仪基本原则

民航员工在对旅客热情服务的过程中，必须有一个"度"的限制，要切记4个字——"热情有度"。

对"热情有度"做更准确的描述，就是要求民航人员在对旅客热情服务的同时，一定要铭记自己的一切所作所为，均应以不影响对方、不妨碍对方、不给对方添麻烦、不令对方感到不快或不便、不干涉对方的私人生活、不损害对方的个人尊严为限。与旅客打交道时，若掌握不好这个限度，而"过度"热情，就有可能使自己不适当地"越位"，导致好心办坏事。

具体来讲，在民航服务中要真正做到"热情有度"，关键是要掌握好下述几个基本限度。

（1）交往有度：不妨碍对方的工作；不妨碍对方的休息。

（2）关心有度：不令旅客感觉不便；不使旅客勉为其难（不轻易涉及旅客隐私）；不影响旅客的个人自由。

（3）距离有度：私人距离；交际距离；礼仪距离；公共距离。

六、民航服务敬人"三A"

1. 接受服务对象

接受服务对象（Accept），要求我们不论旅客是谁，不论旅客的素质如何，我们都应积极、热情、主动地去接近旅客，亲和、友善地接受旅客，不能怠慢、冷落旅客，更不能挑剔、排斥服务对象。这不仅体现在思想上，更应该体现在实际行动上。

2. 重视服务对象

重视服务对象（Attention）包括以下三点。

（1）记住重要旅客的姓名。

（2）善用尊称。

（3）用对方的母语打招呼。

3. 赞美服务对象

在赞美服务对象（Admire）的时候，要注意以下两点原则：适可而止；因人而异。

七、民航服务中的心理效应

1. 民航服务首因效应

首因效应也称第一印象作用或先入为主效应。首因是指首次认知客体而在脑中留下的"第一印象"。首因效应是指个体在社会认知过程中，通过"第一印象"最先输入的信息对客体以后的认知产生的影响作用。

首因效应本质上是一种优先效应，当不同的信息结合在一起的时候，人们总是倾向于重视前面的信息。尽管有时第一印象并不完全准确，但第一印象总会在决策时，在人的情感因素中起主导作用。在民航服务中，我们可以利用这种效应，展示给人一种极好的形象，为民航的健康发展打下良好的基础。这就需要我们加强在谈吐、举止、修养、礼节等各方面的素质培养，不然则会产生负面影响。

2. 民航服务近因效应

近因效应与首因效应相反，是指在多种刺激一次出现的时候，印象的形成主要取决于后来出现的刺激,即交往过程中,我们对他人最近、最新的认识占了主体地位,掩盖了以往形成的对他人的评价,因此,也称"新颖效应"。近因效应指在总体印象形成过程中,新近获得的信息比原来获得的信息影响更大的现象。

心理学的研究表明,在人与人的交往中,交往的初期,即在延续期还生疏阶段,首因效应的影响重要;而在交往的后期,就是在彼此已经相当熟悉的时期,近因效应的影响也同样重要。一般心理上开放、灵活的人容易受近因效应的影响;而心理上具有稳定倾向的人,容易受首因效应的影响。

民航服务中的负性近因效应,大多产生于员工在服务体验中遇到与愿望相违背,或感到自己受屈、善意被误解时,其情绪多为激情状态。在激情状态下,人们对自己行为的控制能力和对周围事物的理解能力,都会有一定程度的降低,容易说错话,做错事,产生不良后果,形成近因效应。因此,在对旅客服务时,应注意礼仪,多加忍让,防止矛盾激化。

3. "自己人"效应

"自己人"效应就是把对方当作自己人看待,必须同对方保持"同体观"的关系,即把对方与自己视为一体,在对方看来,我们是在为他们说话,或我们所做的一切是为他们好。这样,双方的心理距离就近了,对方不会感到某种心理压力的存在,也无须有戒心。

如何在民航服务中让旅客产生"自己人"效应呢?主要看我们本人的服务态度。是否将我们的旅客当作自己人看待?是否为他们的利益着想?我们所表现出来的礼仪风貌、服务形象是否给他们可亲、可信、可依赖之感?

4. 晕轮效应

晕轮效应最早是由美国著名心理学家爱德华·桑戴克于 20 世纪 20 年代提出的。他认为,人们对人的认知和判断往往只从局部出发,扩散而得出整体印象,也即常常以偏概全。

所以,晕轮效应的最大弊端就在于以偏概全,其特征具体表现在三个方面:遮掩性、表面性、弥散性。

民航服务克服晕轮效应的弊端可以从以下四个方面入手。

(1) 注意"投射倾向"。
(2) 注意留给旅客的"第一印象"。
(3) 注意"刻板印象"。
(4) 利用旅客"以貌取人"的心理提高服务质量。

第二节　民航服务语言

言谈是服务交流中重要的沟通手段,具有不可替代的重要作用。若想通过言谈达到服务交流的预期目的,除了在表达上要词义准确外,还应以"礼"取胜。

> **学习目标**
> 了解民航服务语言礼仪规范。

一、言谈礼仪

言谈礼仪的原则：文明、准确的语言，礼貌用语，适当的肢体语言等。优雅的言谈，要注意以下几点。

1. 语言要文明

作为受过良好专业训练的员工，在与旅客交谈中，一定要使用文明语言。语言文明的含义，就是要杜绝有失身份的话"溜"出口。在交谈中，绝对不能采用以下用语。

（1）粗话。例如"老头儿""老太太""小妞"等称呼都不合适。

（2）脏话。讲起话来骂骂咧咧，非但不文明，而且十分无聊。

（3）黑话。一说话就显得匪气十足，令人反感、厌恶。

（4）荤话。把绯闻、色情、"荤段子"挂在口边，会显得没有素质。

（5）怪话。说话怪声怪气、黑白颠倒，让人难生好感。

（6）气话。说话时意气用事、发牢骚或指桑骂槐，很容易伤害人、得罪人。

2. 语言要准确

在对客服务中，语言必须准确，否则不利于与旅客的正常沟通。要注意的问题如下。

（1）发音准确。在服务交谈之中，要求发音标准。读错音、念错字、口齿不清、含含糊糊或者音量过大过小，都会让人听起来费劲，容易让旅客误解。

（2）语速，即讲话速度。在讲话时，语速要快慢适中，语速过快、过慢或忽快忽慢，都会影响效果。

（3）口气谦和。在服务交谈中，说话的口气一定要做到亲切谦和，平等待人。切勿随便教训、指责旅客。

（4）内容简明。在服务交谈时，应言简意赅，要点明确，少讲、最好不讲没用的话。啰唆、废话连篇，谁听都会头疼。

（5）少用方言。在与旅客交谈时，应用标准的普通话，尽量不用方言、土话。否则，就是不尊重对方。

（6）慎用外语。在一般交谈中，若无外宾在场，最好不要用外语。否则，会有卖弄之嫌，应讲中文，讲普通话。

3. 礼让旅客

在与旅客交谈时，应以旅客为中心，处处礼让旅客，尊重旅客，要注意以下几点。

（1）不要独白。交谈讲究的是双向沟通，因此要多给对方发言的机会。不要一人侃侃而谈，而不给他人开口的机会。

（2）不要冷场。不论交谈的主题与自己是否有关，是否感兴趣，都应热情投入，积极合作。

（3）不要插嘴。旅客讲话时，不要插嘴打断。即使要发表个人意见或进行补充，也要等对方把话讲完，或征得对方同意后再说。

（4）不要抬杠。交谈中，与人争辩、固执己见、强词夺理的行为是不可取的。自以为是，无理辩三分，得理不让人的做法，有悖服务的宗旨。

（5）不要否定。求大同，存小异。如果对方的谈话没有违反法律，没有涉及民航飞行安全，伦理道德，辱及国格、人格等原则问题，就没有必要当面加以否定。

4．注意倾听

（1）表情认真。在倾听时，要目视对方，全神贯注。心不在焉的表情，会让旅客感到很不舒服。

（2）动作配合。自己接受旅客的观点时，应以微笑、点头等动作表示同意。

（3）语言合作。在听旅客说话的过程中，不妨用"嗯"或"是"加以呼应，表示自己在认真倾听。

二、民航服务基本用语

问候用语要亲切：您好！大家好！下午好！不可使用打探隐私的问候语。

迎送用语要真诚：欢迎光临（登机）！欢迎再次光临！请您走好！再见！

请托用语要礼貌：请问……请稍候。请让一下。请多关照。请慢走。拜托……

致谢用语要诚恳：谢谢您对我们工作的配合与支持。

征询用语要灵活：请问……劳驾……我能……

应答用语要准确：您好！这里是……请问您有什么事情？是的，好的，我明白您的意思，我会尽量按照您的要求去……

祝贺用语要欢乐：节日快乐！恭喜……祝贺您！

推脱用语要委婉：对不起，同志！请您……我请示一下领导……不可用"不"来推脱旅客的要求。

三、提倡的民航服务用语

古人说：礼多人不怪。特别是对于服务行业而言，礼貌用语更是应该多多益善。

1．"请"字开路

"请"是一种礼貌，更是一种姿态。当一个人对另一个人说"请"时，这个人已经将"尊贵"和"显赫"给了对方，将谦恭的姿态表现出来，被"请"的人将非常乐意为"请"字后面的行为努力，因为他体会到了"尊重"和"恭维"。所以，服务的员工应多用"请"这个美好的词语来表达对旅客行为的希望和要求。

2．"谢谢"压阵

"谢谢"就是在对方为自己做出一些善意言行以后，自己的言辞上所做的一种情感回报。

"谢谢"有下列几种功能：一是表达自我情感，人们在接受别人的善意言行后，都会产生一种感激之情，情动于衷，发乎言辞；二是强化对方的好感，人际关系学认为，人际交往是一个互动的过程，一方的善意行为必然引起另一方的酬谢，而这种酬谢又将进一步使对方产生好感，并发出新的善意行为；三是调节双方距离。

3．"对不起"不离口

民航企业许多员工，在对旅客说"对不起"时心存顾虑，怕一声"对不起"为自己招来不必要的麻烦。"对不起"不是责任的划分，只是服务人员对旅客歉意的表达。"对不起"不仅仅是一句客套，更是"旅客总是对的"的服务理念的体现。及时、到位的一声"对不起"，可以"浇灭"旅客因不满意的服务而生起的"火焰"，能够化干戈为玉帛，调节人际关系。

在民航服务中，下列情况都应该给旅客说一声"对不起"。

（1）由于我们员工的服务失误（如：客舱服务时，不小心用饮料污染了旅客服装；旅客行李晚到等),而给旅客带来不便。

(2) 由于其他旅客的疏忽导致旅客的利益受到损失。

(3) 由于航班延误,不管是什么原因引起的延误,致使旅客不能够按时到达目的地。

(4) 由于机场或航空器上设备、设施设置的人性化不够、设备设施的损害导致旅客意外伤害的情况,等等。

第三节　值机服务礼仪

学习目标

了解值机服务的流程和礼仪规范。

值机即航空公司的旅客运输服务有关部门为旅客办理乘机手续的整个服务过程,其主要包括办理乘机手续前的准备工作、查验客票、安排座位、收运行李及旅客运输服务和旅客运输不正常情况的处理。值机是民航旅客地面服务的一个重要组成部分,民航运输生产的一个关键性环节。其工作内容包括办理乘机手续、办理行李托运、查验旅客机票和身份证件、回答问询、特殊旅客保障服务、拍发业务电报等。

一、值机岗位设置

目前的柜台设置大致有两种,一种是指定航班设置,一个航班的旅客集中在一个柜台办理。其优势是方便值机员集中接收,提高了效率。劣势在于大型机场航班多,一方面浪费资源,人员结构臃肿;另一方面增加了旅客的不便,寻找值机柜台增加了旅客的时间成本。另一种柜台的设置不指定航班,统一设置,就是所谓的"开放式值机"。大型机场、办理乘机手续自动化程度较高的机场,常常采用这种办法(图 5-3-1)。

图 5-3-1　值机服务

二、国内始发站的值机工作

始发站的值机工作时间段就是从航班预告开始,到航班起飞后截止。从时间上讲,是从航班飞行的前一天开始,到起飞后的10分钟后结束。大型机场一般是提前4小时开始准备。

1. 准备工作

(1) 根据航班号了解航班到达站。

(2) 根据飞机号了解航班的机型。

(3) 了解航班载量和配额。

(4) 了解出港乘机人数与航班机型是否相符。

(5) 了解航班特殊服务项目。即了解是否有重要旅客、特殊服务旅客及团体旅客及他们的特殊要求。

(6) 根据不同的机型、旅客人数,准备相应数目的登机牌、行李牌、标识牌、F/C舱旅客休息卡等业务用品。

2. 办理乘机手续

(1) 检查计算机、磅秤、转盘是否运转正常。

(2) 进入离港系统。

(3) 查验旅客证件、票证,安排座位。验证是看旅客证件是否有效,姓名是否与机票上所列姓名相符,如不符规定的,交值班主任柜台处理。验票就是检查客票填开的每一项内容是否准确。

(4) 托运行李。

3. 航班结算报载

(1) 航班关闭后,进行三复核,即乘机联数、登机牌发放数与离港系统办理的人数是否完全相等。

(2) 填写值机准备复核单,包括航班人数、行李件数和重量。

(3) 与装卸队核对行李件数重量,办理交接手续。

(4) 报载旅客人数、行李件数和重量,报载后如增减旅客行李要及时报给配载部门。

(5) 回收有关票证,即对所办航班剩余登机牌回收送交包管,进仓储放。

注意:报载的形式有电话报载、电传报载、计算机统计报载。以前手工值机时,多用电传报载,因为报载必须留下记载;电话报载必须录音,基本淘汰;计算机离港系统具有自动统计功能,数据在平台中共享。

4. 航班放飞

(1) 了解航班到达时间、上客时间,并在起飞时间前20分钟将有关单据送候机厅检票口。

(2) 与送机员核对登机人数。在飞机起飞前15分钟发现还有旅客尚未登机时,应通知服务员广播寻人,并在乘机联上核查该旅客有无行李托运。旅客未登机又有行李时,值机员应到机下协助装卸人员拉下该旅客行李。

(3) 与乘务员交接F/C舱旅客名单和特殊服务通知单。

(4) 交接工作完成后,与乘务员签放飞时间,通知撤梯、撤桥放行飞机。

复述交接要领：值机员在飞机下，与送机员交接登机人数，与乘务员交接 F/C 舱旅客名单和特殊服务通知单。通知撤梯、撤桥放行飞机。

5．放飞后的工作

放飞后的工作包括以下三个方面。

(1) 登记航班实际离站时间。

(2) 汇报航班减旅客和行李情况。

(3) 如有未登机的旅客，将其乘机联挑出交主任签字交接。

三、国内到达站的值机工作

1．准备工作

了解飞机预计到达时间、特殊服务项目，准备相应器材。

2．飞机到达后的工作

飞机到达后的工作包括接收业务文件袋，接收旅客，交付行李三项。

四、值机基本要求

(1) 见到旅客要主动打招呼，使用敬语，然后开始办理值机手续。

(2) 主动询问旅客航班号、身份证号、姓名。

(3) 主动征求旅客的意见，尽量满足旅客选择座位的要求。

(4) 耐心听取旅客提出的各类问题，热心帮助解决疑难问题。

(5) 积极为旅客办理登记手续，不拖延，争取娴熟、精准地在 30 秒到 1 分钟完成。

(6) 双手递接证件、行程单、客票等物品时，应当正面朝上，以字体正面面对旅客，并交于旅客手中，保持面带微笑或与旅客目光交流。

五、值机标准用语

(1) 您好，请问您到哪里？

(2) 请出示您的身份证件，谢谢。

(3) 先生(女士)，今天是您的生日，祝您生日快乐！

办理值机服务

(4) 请问您对座位有什么需求？

(5) 请问您是否有托运行李？共几件？到哪里？

(6) 行李中是否有易碎/贵重/危险品？

(7) 根据航空公司的规定，易碎物品托运是免责的，请在这里签字确认，谢谢。

六、办理乘机手续

1．候补旅客

(1) 有下列情况之一的旅客被视为候补旅客：①未购买客票；②持不定期客票；③持本航班的 OK 客票，但无订座记录或订座记录已被取消或订座记录中未显示订妥座位；④持非本航班的客票；⑤持航空企业职员免折票的填空旅客。

(2) 应在保证航班正点的前提下，接收候补旅客。

（3）办理候补，应根据航班空余座位（吨位）及候补旅客数量等情况制订预案，必要时列出候补旅客名单，提前查验旅客的身份证件及有无托运行李，配备机上供应品，做好准备。对于有托运行李的旅客，在确定可以接收的情况下，可以提前办理行李托运手续，也可以在征得旅客同意的情况下，按免除责任的迟运行李办理。

（4）在航班订座已满的情况下，接收候补的时间为规定离站时间前 30 分钟。离站时间 30 分钟以前到达乘机登记处的旅客，其订妥的座位不能作为候补处理。

（5）在"保证重点，照顾一般"的原则下，候补旅客优先的顺序为：①重要旅客；②执行国家紧急公务的旅客；③持本公司金卡、银卡的旅客；④有特别困难急于成行的旅客；⑤持有本航班 OK 客票，但无订座记录或订座记录已被取消或订座记录中未显示订妥座位的联程或回程旅客；⑥票价无折扣或折扣少的旅客；⑦持航空企业职员免折票的填空旅客。

（6）在候补旅客较多的情况下，办理按照候补顺序需要保证或照顾但未列入候补旅客名单的旅客时，应照顾到其他旅客的情绪并注意工作方式。

（7）低舱位等级的候补旅客不得占用高舱位等级的座位。

2．乘机手续不正常情况的处理

（1）旅客晚到。在有空余座位和保证航班正点的前提下，可为晚到旅客办理乘机手续，并提供必要的乘机登记处至登机口的引导服务。晚到旅客的托运行李，如旅客同意可按免除责任的迟运行李办理。晚到旅客如未能成行，按旅客误机处理。

（2）漏撕乘机联。发现乘机联漏撕后，应立即查找出未撕乘机联旅客的姓名、座位号，尽快查找旅客并请到达站协助补撕。漏撕站接到漏撕乘机联后，按客票乘机联的接收规定将乘机联送交结算部门，漏撕乘机联送交结算部门的时限为航班离站后 7 天。漏撕逾重行李票，参照上述漏撕乘机联的规定处理。

（3）误撕乘机联。发现乘机联误撕后，应立即查找出误撕乘机联旅客的姓名、座位号，必要时查找出旅客的单位、住址、联系电话等有关信息；被误撕的乘机联运输航段的起点站在未收到误撕乘机联的情况下，可根据误撕站的误撕通知安排旅客无乘机联成行。待收到误撕乘机联后送交结算部门。在 21 天内未处理的误撕乘机联，应登记后送交结算部门。

3．旅客拒绝登机

（1）旅客拒绝登机是指旅客在办理乘机手续后至航班开始登机时或在旅客本人登机后拒绝乘机，自愿取消旅行。

（2）旅客在登机前拒绝登机，应取出旅客的客票乘机联；找出并退还旅客的托运行李，收回行李牌识别联；修改旅客登记记录和随机业务文件，放行飞机；旅客客票按旅客自愿退票办理。

（3）旅客在登机后拒绝乘机，应找出并退还旅客的托运行李，收回行李牌识别联；修改旅客登记记录和随机业务文件；根据情况或机组要求，由有关部门对飞机客舱进行安全清舱后放行飞机；旅客按自动终止旅行处理，其客票乘机联不退还旅客，随航班乘机联送交结算部门；如未造成延误，也可按旅客自愿退票办理。

（4）过站旅客拒绝登机，按旅客自动终止旅行处理，未使用航段的票款不退。

七、旅客到达

到达站应根据航班订座和前方起飞站的旅客出发业务电报提供的信息做好服务准备，

旅客到达时应提供必要的信息和引导服务,对特殊服务旅客应提供相应的服务。旅客下机顺序为:重要旅客、头等舱旅客、公务舱旅客、经济舱旅客。一般旅客下机后,再安排行动不便的旅客和无成人陪伴的儿童下机,并提供必要的协助。宽体飞机旅客较多时,应尽量安排前后舱同时下机。如飞机不停靠廊桥且停机位离候机楼较远,应安排摆渡车辆接送旅客。国际航班国内段旅客应按国内航班旅客分流引导。

八、特殊旅客运输

特殊旅客是指需给予特殊礼遇和照顾或由于健康、用药和精神状况,在旅途中需特殊照料并符合一定条件才能运输的旅客。

1. 重要旅客

(1)重要旅客航班的载运限制。重要旅客乘坐的航班上严禁押送犯人;严禁接收重病号或担架旅客。在接收婴儿、儿童及无成人陪伴的儿童时,应严格按规定办理。座位不得超售。

(2)重要旅客乘机手续的办理。重要旅客及其随行人员的乘机手续在头等舱柜台办理。办理乘机手续的时间,按一般旅客的要求,如重要旅客未按指定时间到达机场,将信息及时反馈到航班控制部门。对于重要旅客随行人员的认定,以所获得的重要旅客信息为准。重要旅客办理乘机手续时,应为重要旅客本人和持头等舱客票的随行人员填发"头等舱服务卡"。在旅客舱单上填写重要旅客姓名后,需在舱单备注栏内注明"VIP"字样。

(3)引导重要旅客登机。重要旅客登机时,提供相应的引导服务。

(4)重要旅客服务电报的拍发。航班起飞后10分钟内,应给经停站和到达站拍发重要旅客服务电报。

(5)重要旅客进港服务。重要旅客服务部门应及时了解重要旅客信息,掌握航班的进港动态,做好服务准备。在飞机到达前1小时,重要旅客服务部门将航班信息通知服务单位;在飞机到达前10分钟,将服务人员引导至停机位。重要旅客到达后,引导重要旅客下机。行李部门应立即按照重要旅客行李到达信息卸机,无信息时,应优先卸下机上带有"VIP"字样标志和头等舱旅客的行李。

2. 婴儿及儿童

(1)办理乘机手续。优先为携带婴儿的旅客办理乘机手续,在办理乘机手续时,应索取婴儿的"出生证明"以核实其年龄。应将携带婴儿的旅客安排在设有婴儿摇篮的座位,不能安排在飞机的紧急出口处。为婴儿发无座位号的婴儿登机牌,填写舱单时,应在婴儿姓名后的备注栏内注明"INF"字样,以区别成人旅客。

(2)旅客服务电报的拍发。航班起飞后,应尽快给航班的经停站和到达站拍发1份旅客携带婴儿信息的旅客服务电报。

九、通信服务

航班延误时间较长或取消,如旅客坚持,可根据情况向旅客提供通信服务。发给航班到达站城市的信息,可通过民航通信系统发给到达站机场,由承运人或其地面代理人转告。

重要旅客、头等舱旅客可免费打一次长途电话,发一次传真。

旅客在宾馆的通信费用自理。

十、要客和特殊旅客服务

要客航班延误30分钟以上,要客服务部门要通知旅客,表示歉意。

遇下列情况,要客服务部门领导要亲自通知旅客,表示歉意:①要客航班通知延误4小时以上或再次通知延误;②VIP航班通知延误。

航班延误时,对特殊服务旅客应根据不同情况做好工作,妥善做出安排,为他们提供便利条件。如航班取消,应与旅客建立联系,必要时安排专人接送,保持服务的连续性。

十一、航班返航

航班返航是指航班离站后,由于天气或机械故障等原因未能到达预定的经停站或目的站而返回起飞站。航班返航后,如起飞时间不能确定或等待时间较长,应安排旅客下机等候。对返航航班的旅客,按承运人原因航班不正常的有关规定提供服务。旅客再次登机时,应重新核查人数。

十二、航班取消

航班取消是指由于运力、市场等原因决定的航班停止飞行,取消不补。

航班取消一般在航班规定离站之日提前两天决定,如临时决定,不应迟于航班离站前一日的下午3:00。航班取消后,应锁定订座系统,停止售票,销售部门应及时通知已购票的旅客,并根据旅客意愿为旅客安排后续航班座位。

对于销售部门未能通知到而按原定航班时间到达机场的旅客,机场地面服务部门应安排专人进行善后的服务工作,服务包括如下内容:①将航班取消的信息通知旅客;②根据销售部门提供的信息,耐心解释未能通知到旅客的原因;③根据旅客意愿,为其办理改乘或退票手续,改乘和退票不收取费用;④根据情况按照有关规定为改乘旅客提供膳宿服务;⑤根据情况,为旅客提供经济补偿。

拓展阅读8.1

城市值机

南航北方分公司营业部于2005年首推沈阳市内城市值机业务。此项举措旨在将市内购票与值机服务一体化,进一步简便出行手续,以优质服务赢得更多的商务旅客。据介绍,凡在南航北方分公司营业部各直属售票处购票且乘坐南航沈阳始发国内航班、无托运行李的旅客均可享受市内值机服务(特殊服务旅客除外)。手续办理的截止时间为航班起飞前90分钟,旅客只需在航班起飞前30分钟抵达机场乘机即可。

拓展阅读8.2

开放式值机

首次推行开放式值机业务的国内航空公司是国航。早在2001年年初,国航已经开始试行开放式值机。据介绍,实行全开放柜台值机服务以前,每天在首都机场因掐着点赶到机场办理乘机手续,最终误了航班的旅客,仅国航一家,就有100余人,多的时候有近200人。实行全开放柜台值机服务后,国航每天这样的晚到旅客人数已降到 3~5 人。

从 2005 年 8 月 1 日开始,深航深圳出港航班实施全方位"开放式值机"。实施"开放式值机"后,旅客一是不需要等到飞机起飞前 90 分钟再办手续,可以随到随办;二是到达候机厅后不需寻找所乘航班的特定柜台,可以在深航柜台区域内任何一个柜台办理手续;三是不需要在柜台前排很长的队伍,可以分散到多个柜台办理手续,节约时间。对于航空公司来讲,实施"开放式值机",可以节约部分值机柜台,在一定程度上降低了航班保障成本。实行开放式值机,还直接惠及安检。过去,航班办理乘机手续的时间比较集中,高峰期往往会造成旅客过安检时排长队。现在,旅客乘机手续随到随办,安检也可以随到随检,安检员的压力轻多了。

现在,几乎所有的大型机场都推行了开放式值机。

拓展阅读 8.3

某航空公司客运员刘某,作为一名一线民航员工,必须保持手机 24 小时畅通,节假日更加忙碌的工作,面对各种突发情况以及各种各样的旅客……对于紧凑的工作安排和工作压力,刘某说:"这并不是一份轻松的工作,但其实我乐在其中。记得一次有一位大叔在柜台办理值机手续时发现身份证丢失了,我们便立即带他办理了临时乘机证明。后来,他找到了身份证,还特地来感谢我们。那是我第一次感受到旅客的温暖,原来帮助他人真是一件特别温暖的事情。"重细节,有责任,强专业,只要在岗,刘某便时刻保持高度的责任心,尽最大努力帮助旅客。"在未来,遇见任何问题我都不会逃避,而是立即解决。努力,为的并不是成为别人眼中的佼佼者和获得别人口中的夸赞,而是为了自己光芒万丈的人生。"

拓展阅读 8.4

某日,某乘务组在执行航班过程中,由于数客乘务员和地面值机人员工作疏漏,数客过程中同时少数了一名旅客。待关机门后做地面起飞准备时,地面人员敲门,乘务长再次开门,被漏数的那名旅客才得以登机。此事件导致航班延误 43 分钟。经调查,该航班本身已延误,各部门都倍感压力,所以在机组、地面的一再催促下以及在航班延误压力的影响下,数客乘务员和地面人员同时数错旅客人数,乘务组没有做复查就关了机门,进而导致航班又延迟了 43 分钟。

第四节 问询服务礼仪

> **学习目标**
> 了解问询服务的流程和礼仪规范。

一、问询服务的分类

根据服务方的不同,问询服务可以分为航空公司询问、机场询问、联合询问;根据问询方式不同,可以分为现场询问和电话询问(人工电话和自动语音答应问询);根据服务柜台设置的位置不同,分为隔离区外的问询服务和隔离区内的问询服务。

二、问询服务的岗位职责

问询服务的岗位职责主要包括以下六项。
(1) 掌握航班动态,耐心、细致地回答现场旅客问询。
(2) 做好电话问询工作。
(3) 提供各类温馨预约服务,并向旅客介绍航空公司和机场服务的内容及特色。
(4) 做好不正常航班的解释工作。
(5) 做好前台服务,负责接待各类旅客及相关人员。
(6) 完成上级领导安排的其他工作。

三、首问责任制

"首问责任制"服务,即旅客求助的第一位工作人员有责任在第一时间确保准确答复或在有效解决问题的前提下提供优质服务,否则必须将用户指引到能够提供有效服务的单位或岗位,该服务人员即为首位责任人。

四、问询服务的程序

问询服务的程序共包括以下四个方面。
(1) 旅客到达柜台前1米处必须站立服务面带微笑。
(2) 解答进出港航班信息以及旅客有关乘机方面的问题。
(3) 旅客有疑难问题,应帮助解决或指引旅客与有关部门联系。
(4) 航班不正常时,应主动向现场指挥中心等部门询问航班、天气等有关信息,随时掌握航班信息动态(图8-4-1)。

图 8-4-1　问询服务

拓展阅读8.5

某航空公司刘某,2014年毕业后来到山东航空客户服务中心工作,先从话务员做起,主要工作是接受旅客的咨询,为旅客提供订票、机票改期等服务。当时的客服中心是以销售和服务成绩来排名的,卖票的金额、通话时长等都是考核的内容。刘某说,月度、季度、年度的销售冠军、服务明星,他都得过。

2018年,刘某成功竞聘成为班组长,除了日常管理班组里的十几个人,还要处理一些投诉工作。组员解决不了的问题或者被投诉了,他就得去协助处理。客服电话主要是起着连接的作用,一边是公司,另一边是旅客,但总是要为旅客服务的。身为话务员,就是要及时有效地解答或解决旅客问题。问题得不到解决,旅客对服务不满意,就会产生投诉。在刘某看来,投诉不仅是一个业务上的问题,更是一种人与人之间的关系,"电话两头连着的其实都是人心,都有各自的苦衷和道理"。刘某荣获了"2021年度最美服务明星"荣誉称号。

拓展阅读8.6

机场问询员朱慧慧:做一名有思想的服务员

"服务工作不是日复一日地重复同样的体力劳动和机械操作,需要知识、智慧和创新。"在上海浦东国际机场现场问询"翔音组"一干就是10年的朱慧慧,将机场最平凡、最普通的问询工作做出了特色,做成了品牌。

2002年8月,朱慧慧以优异的成绩通过了岗位培训考试,被调换到现场问询"翔音组"工作。小小问询台每天上演的大多是不起眼的小事情,繁忙而琐碎,成就感似乎离这个岗位很遥远。

"新工作岗位的确出乎我的意料,我平均每天要回答1000多个问题,其中80%是问'洗手间怎么走',所以我每天都要说上几百遍'女洗手间在4号门的旁边'。这样的工作难免让我感到沮丧。"朱慧慧说。

"然而,旅客是我最好的老师,正是他们的真情回馈让我认识到,尽管一个问题我已经回答过几千几万遍,但对于每一位旅客都是'唯一'的,只要能帮助旅客就是有意义的。"通过在工作中不断总结,朱慧慧认识到,平凡不等于简单,要做到让旅客满意并不容易,不仅需要一腔热忱,还要有科学的工作方法。

朱慧慧这样总结她的服务工作:"我要做一个有思想的服务员"。所谓"有思想"就是自己要有想法,有想法才能主动地不断改进工作。

2005年8月初,上海浦东国际机场受到台风的严重影响,一时间,询问航班信息的旅客增加了几倍,朱慧慧带领组员咬紧牙关,竭尽全力为旅客做好解释和协调工作,连续长达16个小时的服务,共计接待旅客2700人次,当凌晨1点离开柜台时,她们已是声音嘶哑、疲惫不堪。

朱慧慧说,仅仅是坚守岗位,不怕苦、不怕累还不够,要做好服务工作还要动脑筋、找技巧。

"2005年的那次台风让我印象深刻,尽管'翔音组'的姐妹们已经倾尽全力,但有些旅客的需求我们仍然满足不了。经过不断总结,我意识到在遭遇航班大面积延误时,要让旅客感受到被尊重、被理解是非常重要的,因此,我们主动走到旅客中间,把服务做到旅客开口之前,做好旅客与航空公司的桥梁。"朱慧慧说:"通过不断总结经验,今年上海浦东机场再次遭遇台风袭击时,'翔音组'的工作效率就大大提高了,旅客满意度也有所提升。"

担任"翔音组"室主任的朱慧慧在工作中总结出了独特的服务方法,比如"多说一句,少说一句"工作法,就让旅客倍感贴心。"多说一句"就是在旅客问询后说一句"如果有其他的问题欢迎您再来问我们";"少说一句"就是对不是机场管辖的其他部门的问题,不要说"那不归我们管",要积极帮旅客协调。

问询台尽管只有几平方米,但它为旅客解决的问题却有可能远在千里之外,在旅客遇到疑难问题时,问询服务员的工作就远远不只问询那么简单了。

2011年7月14日,王女士匆忙赶往机场时,将装有机票、护照的手提包落在出租车上了。见她心急如焚的样子,朱慧慧安慰道:"您别急,一切都交给我来办。"根据王女士所住的宾馆,她查到出租车牌号,通过调度部找到司机,当司机将手提包送到的时候,飞机就快要起飞了,朱慧慧开启"爱心通道"陪同王女士快速办完一切乘机手续,一直把她送上飞机……

朱慧慧将温暖带给旅客,也感染到了她身边的同事。这个充满欢声笑语的"翔音组"成为上海浦东国际机场的一张闪亮"名片"。截至发稿时,"翔音组"已先后获得了"全国五一劳动奖状""全国工人先锋号""全国巾帼文明岗""全国用户满意服务明星班组""上海市劳模集体""上海市职工职业道德示范基地"等48项荣誉。

如今朱慧慧正在思考如何把"翔音组"的服务品牌和服务理念延伸至旅客到机场乘机、候机的每一个环节。

朱慧慧说,机场服务是一个整体,比如,从旅客乘上机场大巴,到取到手推车,再到问询、安检、购物等各个环节都要有一致的服务水平,那么每一个环节加1分就是10分,相反,每一个环节扣1分,就会使机场的服务大打折扣。"将'翔音组'的服务理念延伸,形成统一的服务标准,能够让旅客感受到'上海机场的服务很不错',这就是我们的心愿。"

(佚名,做一名有思想的服务员,https://hzdaily.hangzhou.com.cn/hzrb/html/2012-10/27/content_1366152.htm?from=groupmessage,2012-10-27上传,2021年5月2日摘录)

第五节 要客服务礼仪

学习目标

了解要客服务的基本流程和注意事项。

一、要客服务的基本内容

要客服务的基本内容包括以下七个方面。

1. 贵宾室服务

通常,贵宾室提供的服务包括全日自助美食及饮料供应、酒吧、淋浴设施、短时休息设施、健身设施、小型高尔夫、按摩、美容美发、面部护理、上网、市内电话、复印、传真、手机及笔记电脑本充电、国内外杂志、国内外电视节目、航班资讯、行李寄存、单独安检通道等。

2. 两舱旅客服务

按照航空公司两舱旅客服务的标准为航空公司两舱旅客服务。在紧急情况或航班延误时,高服务质量的航空公司会寻找为其普通舱乘客提供相应服务,贵宾服务可以解决旅客的后顾之忧。

3. 基地航空公司贵宾室委托管理服务

机场贵宾服务模式开启后,机场可以向基地航空公司和国际联盟的贵宾服务提供委托管理服务,以帮助他们在维持服务水准的前提下,降低运营成本,同时可以做大、做强机场贵宾服务业务。

4. 小型商务中心租用

小型商务中心租用是为有需要的旅客提供短时商务中心服务。如五星级酒店商务中心一样,机场贵宾服务中的小型商务中心可以提供全套完备的办公服务,包括上网、国际国内电话、复印、传真、手机及笔记本电脑充电等。商务中心内的工作人员随时提醒客人航班信息。

5. 计时宾馆

在候机楼空侧为中转旅客和其他需要短时休息或睡眠的旅客提供计时宾馆服务,以解除其旅途劳累。宾馆工作人员随时提醒客人航班信息,计时宾馆还可提供全日自助美食及饮料供应。

6. 代办旅行中转手续

旅客抵达机场后如需中转换乘其他航班前往另一目的地,机场贵宾服务可以帮助他们办理包括落地签证在内的转机手续。

7. 接送机迎宾服务

依托机场资源和服务优势,针对在机场候机楼接机或委托接机的人士、有会议接待、机场礼仪服务等需求的单位和个人提供厅房休息、委托接机、商务接待、礼仪服务等全面、尊贵的贵宾服务。

二、为重要旅客办理乘机手续时的注意事项

(1) 设置专柜。
(2) 为重要旅客预留较好的座位或按旅客要求办理。
(3) 在重要旅客的登机牌上注明"VIP"的字样,便于做好服务工作。
(4) 行李拴挂"VIP"行李标志牌,或"小心轻放"的标贴。
(5) 航班关闭时,如还有 VIP 没有办理手续,应报调度。
(6) 如航班延误,考虑优先为 VIP 旅客改签后续最早的航班,并把情况报告有关部门。
(7) 航班起飞前,准确填写"重要旅客通知单""特殊服务通知单",主动向机组交代 VIP 的身份和要求的特别服务事项。

托运行李,应装在货舱舱门口附近。

三、贵宾进出港流程

1. 进港流程

(1) 贵宾抵达。

(2)使用专用贵宾通道。

(3)礼宾引导贵宾在贵宾休息室休息。

(4)前往专用停车场乘车。

(5)贵宾离开。

2. 出港流程

(1)贵宾所乘专车前往贵宾专用停车场。

(2)礼宾引导贵宾前往贵宾休息室休息。

(3)使用专用贵宾通道登机。

(4)贵宾离开。

四、迎送礼仪

迎送礼仪主要是指为贵宾开辟金色通道,让其缓步通过贵宾通道前往登机,或者乘坐VIP专用车到达飞机云梯登机;接机服务员提前安排贵宾车辆在飞机下等候;主动为贵宾打开车门,协助上下车,提拿行李;热情称呼,主动问候,礼貌道别。国内航班到达后,贵宾从地坪云梯走下飞机,由地面服务员引导,乘坐VIP专用车前往贵宾室休息。国际航班到达后,服务人员在廊桥口迎接,协助办理手续后,用专用车辆把贵宾送到贵宾室与接机人员会面。全程陪同,全方位服务,使贵宾从心里得到非同一般的享受。

五、贵宾室服务礼仪

服务员按照规范标准站姿,站立在贵宾室门口,面带微笑,鞠躬行礼(30°),并使用敬语,如"您好,欢迎您"或"再见,请您拿好全部手提行礼,希望再次见到您"等,举起右手或左手示意,引导其进入车辆或乘车离开。

机场贵宾室迎接服务

(1)自我介绍,表达"愿意为您服务"的愿望。

(2)引导贵宾进入时,把右侧让给贵宾,自己站在左侧,不走中间,不从贵宾中间穿行。

(3)到门口时,主动开门让贵宾先行。

(4)迎客时服务员走在前面,送客时服务员走在后面。

(5)上楼时贵宾在前,下楼时贵宾在后。

(6)提供小毛巾。

(7)介绍饮料服务,适时提供添加。

(8)主动介绍免费自助餐的种类。

(9)协助办理填写申报单、办理行李托运、换取登机牌等,用贴心的服务使贵宾舒适等待,而不是自行奔波。

(10)把登机时间放心地交给服务人员,让贵宾安心享受甜美的提醒,及时掌握航班动态。

机场贵宾室饮食服务

(11)服务员应当步态轻盈稳重、语言和蔼可亲、表情温柔甜美、神态成熟自信、行动快速敏捷、举止优雅大方。

拓展阅读8.4

南航机组VIP接待服务工作流程

酒店将南航机组人员作为贵宾,按酒店VIP服务程序接待,全程实行贵宾一站式服务,提供细致、周密的服务,力求得到机组人员的满意。

一、机场接送

(1) 设立接机专用车,提前到达机场,做好准备工作。要求车辆干净、座椅整洁,司机敬语服务,主动征求意见。

(2) 接到客人后,第一时间与酒店前台联系,以便酒店提前做好准备工作。

(3) 根据天气情况,提前与机长确定好第二天送机场时间,并提前到达酒店门前等候。尽量提前出发,以便能及时将机组人员送达机场,并保证接到的另一机组人员不等候。

(4) 机组专用车同时提供到本地观光的南航人员及家属的服务。

二、酒店大堂接待

(1) 设立"机组人员接待处"。在酒店大堂服务台设立"机组人员接待处"明显标牌,在接到机场接待人员电话通知后,立即做好房卡,并设专人在"机组人员接待处"等候。

(2) 设立专人接待,直接入住。公安部门要求酒店行业必须登记客人本人身份证件并上传。机组人员一路劳累,为让机组人员尽快休息,将由接待人员门前迎接后,引领机组人员直接进入客房。在房间办理简单入住手续、签字手续。要求主动迎接,直接入房,态度和蔼、亲切。

三、房间配备

(1) 设立机组人员专用楼层(暂定为四楼豪华标准间)。专人负责,专人接待。机组专用楼层要注意保证楼层的安静,以确保机组人员的休息。

(2) 房间检查。每个机组人员的房间,在到店前,由主管客房的经理逐个检查,确保房间卫生及设备设施的完好。

(3) 房间配备机组专用备品,并在每个房间配加湿器,用来解决北方气候干燥的问题。

(4) 房间问候函、天气预报卡。每个房间在床头柜处摆放机组人员欢迎函,并配备天气预报卡,温馨提示。

(5) 房间摆放接待人员联系电话卡。在每个房间内,将酒店接待人员的电话放置在床头柜,当机组人员出现问题时,与专门接待人员联系,第一时间解决。

(6) 快速离店查房。每天根据机组人员的固定行程及天气的情况,提前提示机组人员的出发时间。联系好机组人员的专用车提前在门前准备好。快速办理退房,协助机组人员拿行李上车,门前送别。

(佚名,南航机组VIP接待服务工作流程,https://wenku.baidu.com/view/dbb79d97d4d8d15abe234ec9.html,2013-06-28上传,2021年5月2日摘录)

> **拓展**
>
> 根据对以上资源信息的学习,结合自己搜集的其他相关信息,分组模拟出一种地面服务项目,并以小组为单位互相检查,纠正改进,以加强对地面服务礼仪的掌握。

第九章 客舱服务礼仪

作为一名合格的空乘人员,每天要应对的是来自不同地方的各式各样的旅客,所以在工作中就难免会遇到一些棘手的旅客以及状况。这就要求空乘人员必须对客舱服务的流程规范熟练掌握,才能更好地应对各种问题。

小故事

2007年7月某日MU5142(太原—上海)航班,一位旅客投诉:"我在飞机降落时想要去洗手间,被乘务员阻止,我认为乘务员在解释期间有不尊重我的意思。"经向旅客电话了解,旅客说:"刚广播了飞机正在下降,广播后我想上洗手间,到后舱后,乘务员以飞机下降不安全为由阻止我上洗手间,这期间该乘务员与其他机组成员聊天说笑。"旅客认为既然是以安全为由,乘务员尚且闲聊说笑不以身作则,怎么能谈得上安全。

2007年7月某日MU5144(太原—上海)航班,旅客投诉:"原定20:40起飞的航班因航空公司原因延误到零点以后才起飞,登机时看到迎客的两位乘务员有说有笑且在调侃旅客。"旅客认为被冒犯。

2007年7月某日MU5634(乌鲁木齐—上海)航班,乘务组全部工作结束后大概在21:10巡视客舱,24F的一名旅客问正在巡视客舱的男乘务员:"现在飞到哪了?"乘务员回答:"我也不知道。"旅客听后对于乘务员的回答非常不满,于是张口说:"你是……是……啥饭的!"乘务员因为没听清就回头问了一下,旅客当时正看着窗户外面没有理会乘务员说什么,于是乘务员就拉了一下旅客的袖子,继续询问旅客:"先生您刚才说什么,有什么事吗?"于是旅客就说:"你是……饭的?你白干这工作的?"乘务员听后有些生气,没有很好地控制情绪与旅客发生了争执,最后该旅客要意见卡投诉该乘务员,经乘务长努力调节后旅客仍表示不接受道歉。

某个西安飞往沈阳的航班上,乘务员为旅客送完3遍茶水、咖啡和饮料之后,一位40多岁的男乘客要喝咖啡,可是这时开水刚刚用完,乘务员诚恳地向他表示歉意后,介绍了五六种饮料供他选用。没想到他腾地站起来,用拳头猛地砸了一下靠椅扶手,恶狠狠地说:"少给我废话,我就是想喝咖啡,赶快端来!"当乘务员再要解释时,这个男旅客骂声更大,闹得更凶了。

又例如,在某次航班提供航空餐时,发到最后一位旅客时发现少了一份,乘务员想到头等舱还剩了几份,就去拿了一份过来,并热情地对这位旅客解释道:"不好意思,先生,由于我们的疏忽,今天的午餐少准备了一份,正好头等舱还剩了一份,我给您拿了过来,请您慢

用。"这位旅客听完当时就发火了:"你们什么意思,头等舱吃剩的拿来给我吃?"

(佚名,客舱服务案例,http://www.tuiyd.com/yingshi/247581.html,2021-02-18 上传,2021 年 5 月 2 日摘录)

第一节　准备阶段

学习目标

了解准备阶段的各项要求。

一、预先准备阶段

航前预先准备,一般应在航班起飞前 1.5～2 小时进行,如临时接受任务,可根据实际情况调整。预先准备是保证圆满完成任务及保证客舱安全和提高机上服务质量的重要阶段。

1. 任务前准备

任务前准备工作如下。

(1) 了解自己的飞行动态。

(2) 确认航班情况及报到时间等。

(3) 准备次日任务所需制服、资料、管理文件及驻外站时所需衣物用品。

(4) 了解所在国家的检验检疫(CIQ)规定。

(5) 准备个人应携带的物品。

(6) 检查个人证件及证件有效期(《国际预防接种证书》(又称"黄皮书")、《体检合格证》、空勤登机证、客舱乘务员合格证等)。

(7) 复习所飞机型的应急设备及使用方法。

(8) 保证充足的睡眠。

(9) 遵守空勤人员出任务前的有关个人作息的规定。

2. 报到及准备会

报到及准备会内容如下。

(1) 检查个人信息箱。

(2) 工作包、箱按规定位置摆放整齐。

(3) 了解各项规定和工作标准。

(4) 确认签到、准备会合时间以及乘车时间。

(5) 提前 1 小时 40 分钟报到,接受检查。

(6) 领取资料包。

(7) 进入准备室准备。

(8) 乘务长主持航前准备会及任务分配。

3. 乘车

乘务人员乘车时应注意以下几点。

(1) 组员应该乘坐本单位安排的专用车进入机坪。

（2）组员需按开车时间，提前在乘车地点等待。

（3）上车后需确认自己的物品已在车上。

（4）临时改乘其他车辆进入机坪需要预先向乘务长请假。

（5）上车后由乘务长清点核实人数。

（6）自然列队，女乘务员右肩背包，左手拉车或提工作箱，男乘务员右手提工作箱，走在队伍最后。

4．组员行李存放位置

组员的手提行李（工作包）可存放在机上的前后衣帽间内，衣袋可挂在衣帽间里面的挂衣杆上。

组员的工作箱（包）禁止存放在旅客座椅上及紧急出口附近和影响旅客座椅倾倒的地方。

二、直接准备阶段

飞行前直接准备，是执行空中乘务工作的最后准备，直接关系着乘务工作实施和服务质量。空乘组应当按时到达现场，认真做好各项准备工作。到达现场时间一般应在起飞前1小时。

（1）向机长汇报预先准备的情况，提出工作中需要机组配合的问题，听取机长的提示和要求。

（2）检查责任区各项紧急设备。

（3）检查示范用的氧气面罩及救生衣、安全须知、安全带等。

（4）签收紧急医疗箱。

（5）检查旅客娱乐系统和服务系统，发现问题及时向乘务长报告。

（6）检查及签收机上供应品。

（7）整理报纸杂志。

（8）签收耳机。

（9）签收卫生用品。

（10）检查卫生间。

（11）驾驶舱饮料提供。

（12）签收免税品及有关表格、封条等。

（13）餐食：签收特殊餐食；餐车安全检查；根据配餐单详细清点餐点；餐车内干冰需妥善放置，以确保食物新鲜；面包数量及存入位置；了解餐食数量及分布确切位置；向乘务长报告所配餐食的情况。

（14）组员整理仪表、仪容及再检查一遍客舱环境是否清洁。

（15）清舱完成后和空中保卫员协调向机长报告旅客可以登机。

第二节　迎客阶段

学习目标

了解迎接客人登机的礼仪规范。

一、迎客概述

在旅客见到乘务员第一眼时,乘务员要及时给予一声亲切的问候、一个温暖的微笑,这会让他们感觉到浓浓的亲情,化解旅途的疲劳。在客舱引导时快速疏通过道,让旅客尽快入座,行李到位,旅客会在心里认可空乘人员。与此同时进行的特殊旅客交接(包括晕机旅客的服务,有染疾病的旅客服务等),需要调整座位的旅客服务,应急出口管理,刷卡服务,VIP、VVIP 的服务等环节,乘务员应做好分工,坚决按照规范的程序进行,各司其职。让旅客在旅途开始之时就能对空乘人员的服务有一种归属感,让他们觉得他们所急就是空乘人员所急,他们所需就是空乘人员所需,处处体现空乘人员的热情,体现空乘人员帮助他们解决问题的真诚姿态,使他们期待着温馨旅途的开始。这些就要求空乘人员必须具备良好的职业化形象,因为美丽得体的仪态,一路的美景,加上优质的礼仪服务,给旅客的感觉将是赏心悦目的。同时空乘人员必须具备相关的业务知识以回答旅客的问询,在最短的时间内解决旅客的疑难问题,让旅客真正身临其境地感受到专业化水准。再就是乘务组的配合,合理分工,结合团队的力量把自己的职责做到最漂亮,顺利完成旅客交代的工作,这更能让他们的旅程安全舒心。若遇到航班等待,及时用广播通知旅客并把航班发展情况最快告知旅客。在有限的 30 分钟上客时间内让旅客感觉到空乘人员无尽的热忱,使他们觉得空乘人员心里是装着他们的,尊敬他们的。

二、迎客规范

迎接旅客规范如下。

(1) 乘务员在迎客位置,面带笑容,主动协助旅客找座位,并协助安置旅客的手提行李。
(2) 注意同一排座位的旅客人数不能超过氧气面罩的数量。
(3) 残障及老弱旅客不能坐在紧急出口旁。
(4) 任何行李均不能放置在紧急出口处及紧急设备存放处。
(5) 随时注意有没有旅客吸烟及使用手提电话等。
(6) 大件手提行李可存放在衣帽间内,如放不下向乘务长报告,转交地面工作人员处理。

第三节 客舱服务阶段

学习目标

了解客舱服务的礼仪规范。

一、客舱服务概述

按照规范程序,结合航班实际情况做好餐饮服务。这时空乘人员会发现有一些是初次乘机的旅客,要认真讲解餐食的内容,是否有特殊餐食要求,饮料服务也是一样,让他们能真正享受到自己喜欢的餐饮。需要休息的旅客,空乘人员要替他们做好餐食的储备,等他们休息后及时用餐。与此同时,指导和提醒带小孩的旅客做好相关保护措施。如遇颠簸,严格按照颠簸程序处置,提醒旅客做好自我保护。请注意,在进行供餐程序时忌不耐烦,要面带微笑,有条不紊的工作态度是必须有的。在供餐结束后,客舱巡视阶段,要注意监控客舱温度、洗手间的保洁、音频的调控、娱乐旅客和休息旅客的调节,做到互不干扰,空乘人员要随时掌控这些情况,制定应对措施。还不要忘了年老及年幼的旅客、生病旅客等特殊群体,多关心、多陪伴,使之不孤独、不无聊。下降阶段,严格落实安全检查,无人入座的安全带管理,特殊旅客的防冲撞姿势指导等,同时注意监控客舱,阻止旅客的不安全行为。为保证旅客有舒适安全的旅程,空乘人员必须坚决执行相关的安全服务规定,不能马虎大意,空乘人员责任心要强,不间断的服务态度也必须具备,抱怨、急躁的情绪要及时调整,全心全意保障旅客的合理合法利益是最终目的。要做到这些,空乘人员就得多换位思考,要有包容的态度,全面去看待问题、解决问题,不极端。空乘人员需要有足够的耐心、热心、信心去面对一切问题,从而使旅客认识到空乘人员毕竟是受过专业训练的,有能力去解决各种突发事件,是直接为他们的利益服务的。这些细节也是以客为尊的一个体现。

飞行实施阶段是空乘组为旅客服务的主要过程,直接体现了机上服务质量的好坏和服务水平的高低。

二、滑行和起飞

滑行和起飞阶段的准备工作如下。
(1) 旅客到齐,关妥机门,下达操作滑梯预位指令。
(2) 确认滑梯手柄预位(ARMED)。
(3) 安全演示(放录像时客舱内停止服务)。
(4) 各责任区域进行起飞前安全检查,确认卫生间无人使用。
(5) 调整客舱灯光。
(6) 厨房、卫生间、衣帽间、行李架是否关妥定位。
(7) 等待起飞信号,就座,系上安全带肩带。

安全带演示

氧气面罩演示

提醒乘客打开遮光板

三、飞行中

飞机飞行过程中,乘务人员的主要工作如下。
(1) 乘务组向旅客致意。
(2) 送报纸杂志。
(3) 调整客舱灯光,保持客舱宁静柔和的气氛。
(4) 遇有颠簸及时广播。
(5) 拉好隔舱门帘。
(6) 核实预定的特殊餐食。

（7）餐前饮料服务（包括鸡尾酒服务）。

（8）餐食服务，需注意餐车行进时前后的协调，保持餐车美观和整洁。

（9）送正餐时，红、白葡萄酒和冰水随车提供（红、白葡萄酒及冰水随时添加）。

（10）咖啡、茶服务应至少两次。

（11）及时回收用完的餐盘、水杯等。

（12）供餐时遇有旅客睡觉，应使用"睡眠卡"。

（13）免税物品销售。

（14）尽量协助旅客正确填写CIQ表格。

（15）随时保持客舱整洁。

（16）调整客舱灯光，准备放映电影（长航线时）。

（17）提供选择饮料服务。

（18）调整客舱温度。

（19）巡视客舱，保持卫生间清洁卫生，及时增补卫生用品。

紧急广播

分发饮料服务

客舱巡视服务

四、特殊旅客的服务

空乘人员为特殊旅客服务时，应特别注意以下人群的特殊性，充分考虑其自身的要求，提供最合适、最贴近这类旅客的服务。

1. 病、残旅客的服务需要

病、残旅客是指生理缺陷的旅客及在乘机过程中发病的旅客。这些旅客较之正常旅客自理能力差、有特殊困难，迫切需要他人帮助。但是通常他们自尊心都很强，一般不会主动要求空乘人员去帮助，总是要显示他们与正常人无多大区别，不愿意别人讲他们是残疾人，或是被看作残疾人。对此，作为空乘人员，就要特别了解这些旅客的心理，特别注意尊重他们，最好是悄悄地帮助他们，让他们感觉到温暖。

2. 初次乘机旅客的服务需要

初次乘机的旅客，一般来讲主要是好奇和紧张，因为民航运输毕竟不是汽车、火车、轮船的运输。因此，一般初次乘坐飞机的乘客会对机上的设施、设备非常感兴趣，并带着一些好奇心去探索这一切。为满足初次乘机的旅客的新奇感，空乘人员要主动为他们介绍本次航班的情况，如机型、飞机高度、地标等，以满足他们的好奇心。应该注意的是，初次乘机的旅客缺少乘机知识，作为空乘人员要主动、耐心介绍，不要指责或嘲笑他们，避免使旅客感到内疚或尴尬。在飞机起飞和下降过程中，这类乘客又不免会紧张。他们对飞机飞在高空的安全性不是很放心，针对这一心理，空乘人员一方面要介绍飞机这种交通工具的安全性；另一方面，亲切地和他们交谈，询问他们此行的目的，以缓解他们的紧张心情，使他们感觉乘坐飞机是非常安全舒适的。

3. 挑剔旅客的服务需要

在飞机上难免会遇到个别比较挑剔的旅客。他们往往对服务、设备和餐食、饮料等提出一些可能达不到的要求。这些主要是由旅客本身的性格因素决定的,有时旅客在上机前遇到了不愉快的事,未能得到解决而发泄。这时,这些旅客的心理是要求受到尊重、要求补偿、要求发泄的,对此,空乘人员的服务更要耐心、不急躁,以一颗平静的心情来倾听旅客的倾诉,不要急于解释和辩解,避免再次引起旅客心理上更大的反感。以耐心、热心、周到的服务,使旅客的心情慢慢自然地平静下来。

4. 民航内部旅客的服务需要

内部旅客大多对航空公司及与飞行和飞机有关的事情都比较了解,大部分人愿意主动和空乘人员聊天,聊一些有关民航内部的事情,对服务的要求是希望被照顾,希望与其他旅客不同。满足其要求很高兴,个别内部旅客不能满足要求的会不高兴,很容易挑剔空乘人员的毛病。这种情况下,空乘人员服务要特别注意有理、有利、有节。

(1) 有理,即航空公司对各个舱位有明确的规定,如果不能满足内部旅客升舱的要求,要心平气和、实事求是地说明情况,以求得旅客理解。

(2) 有利,即内部旅客中有一些是很有影响的人物,对于这些旅客要懂得灵活处理,对他们的服务要有利于公司的利益。

(3) 有节,即内部旅客由于对民航内部和公司都有很深刻的了解,有时提出一些无理的要求,应当适时制止,不能盲目为了拉关系、套好感而为其提供违反公司规定和有损公司利益的服务。

拓展阅读9.1

客舱服务技巧

1. 端

双手端盘,盘竖着端,大小臂成90°夹角。端盘子的后半部。四指并拢托住盘子的下部,拇指扶在盘子的外沿。转身时,身子转,盘子不转。

2. 拿

拿杯子、酒瓶等,应拿下三分之一处。拿空盘子时,竖着拿,盘面朝里,自然垂直在身体的一侧。

3. 倒

饮料倒至杯子的七成。带汽的酒或饮料,杯子倾斜45°角,以免泡沫溢出。给小旅客倒饮料时倒至杯子的五成,倒好后放在桌子中间,并告诉其家人。倒白酒和红酒,同型号的杯子分别为三分之一和三分之二。

4. 送

(1) 原则:从前至后,先里后外,先ABC后DEF,先女宾后男宾。

(2) 送礼品的方法:用大托盘,要求摆放整齐美观,航徽或标记正面对着旅客,每次送时,要留有一份的余地。

(3) 送饮料的方法:用大托盘时,每盘摆15杯;用水车送时,按标准摆放。

注意:如果全是大筒饮料时,以摆放安全、方便美观为宜,标签朝外。杯子的高度以不超过车上最高的瓶子为准。水车上要铺上餐巾布。

(4) 送果仁的方法：放在筐内或小托盘上；字迹正对着旅客；拇指不能进入筐内或盘内，旅客自取亦可；饮料送完即该送果仁。

(5) 餐盘的送法：餐车门在厨房内打开；从上至下抽取餐盘；热食要靠近客人，放在盘子正中；注意随时刹车；一般情况下，餐车不能离开人。

(6) 热饮的送法：一手拿壶，一手拿小托盘给旅客送热饮（短航线）；注意嘴壶不要对着旅客，壶内的热饮不要太满（长航线）。

5. 放

放东西的原则：轻、稳、准。无论是在客舱还是在厨房里均要遵守这项原则。

6. 收

收杯子（先外后里，与送的顺序相反）：空杯子用盘子收；左边的旅客用右手收杯子，右手的旅客用左手收；将杯子由里向外摆放，高度最多不能超过5个。收餐盘：用空餐车收；餐车顶部放2个大托盘，用来放空杯子或空筒；用过的餐盘从上往下逐格摆放。

7. 推、拉

(1) 推餐车：手扶在车上方两侧。

(2) 拉餐车：手放在车上放的凹槽内。

五、下降

下降时，空乘人员的工作包括以下内容。

(1) 清点免税物品，填写烟、酒清单并加封上锁。

(2) 清点供应品，填写回收单，如在外站需补充，应填写供应品增补单（ORDER FORM）。

(3) 交还为旅客保管的衣物，旅客寄放的食物、药品等。

(4) 检查客舱、厨房、卫生间有无不符合当地海关规定的物品，如有 VIP 重要团体，应和随从协商下机顺序。

(5) 回收整理书报杂志、耳机、毛毯。

(6) 整理客舱，进行着陆前安全检查，如有伤病者需要轮椅，请机长联络地面准备。

(7) 填写"客舱维护记录本"。检查厨房，卫生间。调节灯光，打开客舱音乐（音量较小）。听到着陆信号，就坐，系好安全带、肩带。

第四节　送客阶段

学习目标

了解送客服务的礼仪规范。

一、送客概述

送客一环很重要，他们是在亲切的问候下进入客舱的，也不要忘了让他们带着愉快的心情离开。例如，下登机桥、登机梯的提醒，特别是雨天的防滑提醒，老年旅客和小旅客的帮扶，大件行李旅客的帮扶，回答旅客行李方面的问询，遗失物品的旅客的处置，还有无人陪伴旅客的交接等,这阶段虽然是空乘人员工作的尾声,切忌虎头蛇尾,仍要为旅客着想,这每一项旅客都看在眼里记在心里,空乘人员尊敬他们,重视他们,语言照样到位,形象保持优美,他们能感同身受。旅客的旅程画上完美的句号,记住了空乘人员,空乘人员很感谢他们乘坐这次航班,同时旅客有一种期待再见的感觉,说明空乘人员以客为尊的理念贯穿在航班当中,那空乘人员的服务就成功了。

二、送客规范

送客工作规范如下。

(1) 调整客舱灯光。交还为旅客保管的行李。要求旅客在飞机未停稳前坐在座位上。

(2) 飞机完全停稳后,下达解除滑梯预位指令。确认滑梯手柄解除预位(DISARMED)。等待开门信号,打开机门。协助老弱妇幼及需要帮助的旅客下机。检查客舱内有无遗留物品。办理供应品交接手续。

(3) 关闭客舱音乐和客舱主灯光。离机。

拓展阅读9.2

某航空公司蔡某,身兼乘务员和安全员。蔡某明白自己应履行好保护每一位旅客安全的岗位职责,在日常训练中始终保持严肃认真、勤奋刻苦的状态,积极与身边同事相互交流想法、相互鼓励,以最好的状态迎接每一天的开始。宽和慈善,不忤于物,进退沉浮,自得而已。"努力成为更好的自己"便是蔡某的自得目标,她享受逐渐变得成熟的过程,享受一切带给自己成长的养分,有收获的欢乐,也有跨越阻碍的勇气,"越努力越幸运,朝着心中的光,就会收获幸运。"

拓展阅读9.3

某航空公司乘务员庄某,因为在飞机上拥抱一名紧张的乘客,而获得广泛认可。在深圳飞往西安的航班上,一名旅客因过度紧张而突发疾病,呼吸急促,浑身发抖,满脸通红,大汗淋漓,手指蜷缩无法伸直,并伴有剧烈呕吐。庄某立即赶到旅客身边,在飞机降落前始终保持半跪姿势,拥抱抚慰乘客,"您放心,我不走,我会一直陪着您,您肯定不会有事的,别怕。"庄某说,"那位紧张不知所措的年轻姑娘,只是我诸多飞行任务中帮助过的人之一。当时,看到她难受的样子,我感觉转移注意力大概是最好的办法了。我半跪在她身前,自然地抱住她,轻拍抚摸她的后背,左手穿过安全带尽量固定住自己,同时跟她聊天,直到飞机落地。在拥抱她的过程中,我明显感觉到她僵硬的身体在逐渐放松了。"

拓展阅读9.4

广 播 词

1. 登机广播

亲爱的旅客朋友们,欢迎来到××航"空中之家"。当您进入客舱后,请留意行李架边缘的座位号码对号入座。您的手提物品可以放在行李架内或座椅下方。请保持过道及紧急出口通畅。如果有需要帮助的旅客,我们很乐意协助您。××航空愿伴您度过一个温馨愉快的空中之旅。谢谢!

2. 舱门关后

亲爱的旅客朋友们：

飞机客舱门已经关闭。为了您的安全，飞行全程请关闭手提电话及遥控电子设备。飞机平飞后，手提电脑可以使用，下降前请关闭。在本次航班上请您不要吸烟。现在请确认您的手提电话已关闭。谢谢您的合作！

3. 安全演示

女士们、先生们：

现在我们将为您播放安全演示录像，请注意观看。如有疑问，请随时与乘务员联系。谢谢！

4. 起飞前安全检查

女士们、先生们：

我们的飞机很快就要起飞了，请您配合客舱乘务员的安全检查，系好安全带，收起小桌板，调直座椅靠背，靠窗边的旅客请您协助将遮光板拉开。

谢谢您的合作！祝您旅途愉快！

5. 驾驶舱发出起飞信号后

女士们、先生们：

飞机很快就要起飞了，请您再次确认是否系好安全带。谢谢！

6. 起飞后广播

尊敬的女士们、先生们：

（欢迎您乘坐CZ_____航班，本次航班为××航空公司和_____航空公司的代码共享航班）。

我们的飞机已经离开_____前往_____（中途降落），由_____至_____的飞行距离是_____公里，飞行时间_____小时_____分，预计到达_____机场的时间是_____点_____分。

沿着这条航线，我们将飞经_____（省/自治区），经过的主要城市有_____，我们还将飞越_____（海洋、山脉、河流、湖泊）。

在飞行全程中，可能会出现因气流变化引起的突然颠簸，我们特别提醒您，注意系好安全带。

旅途中，我们为您准备了_____（正餐/点心/小吃）及各种饮料。（为了丰富您的旅途生活，我们还将为您播放机上的娱乐节目。）如果您需要帮助，我们很乐意随时为您服务。

"心飞白云深处，爱在天上人间。"能为您提供最优质的服务，伴您度过轻松愉快的旅程，是我们全体机组成员的荣幸。谢谢！

7. 电影节目

女士们、先生们：

为了丰富您的旅途生活，我们将为您播放南航银翼天地机上娱乐节目。希望您能喜欢。

请您使用耳机，并调节座椅扶手上的音频系统，选择您所喜爱的节目。如需协助，我们十分乐意帮助您。谢谢！

8. 餐前广播

女士们、先生们：

我们将为您提供餐食（点心餐）及各种饮料，希望您能喜欢。在用餐期间，请您调直座椅靠背,以方便后排的旅客。如需要帮助,我们很乐意为您服务。谢谢!

9. 常旅客计划广播

尊敬的旅客朋友们:

"真情回馈,多飞多得",××航空明珠俱乐部竭诚邀请您加入我们的常旅客里程奖励计划。如果您想获取申请表或了解更详细的情况,请与客舱乘务员联系。谢谢!

10. 填写入境卡

女士们、先生们:

现在我们为您提供申报单和入境卡。(除当地公民外,所有旅客都要填写入境卡。)为了缩短您在_____机场的停留时间,请您在飞机着陆前填好,落地后交予海关和移民局工作人员。

如需要帮助,请与乘务员联系,谢谢!

11. 机上免税品销售

女士们、先生们:

我们将进行机上免税品销售,为您提供优质名牌货品,欢迎选购!各种货品均有美元价格。如果您想了解其他货币标价,请咨询乘务员。(为了方便您购物,我们可以接受美元旅行支票和国际信用卡。)在您座椅前方的口袋里备有购物指南供您查阅。谢谢!

12. 夜间飞行

女士们、先生们:

为了您在旅途中得到良好的休息,我们将调暗客舱灯光。请保持客舱安静。如果您需要阅读,请打开阅读灯。

我们再次提醒您,在睡觉期间请系好安全带。如果需要我们的帮助,我们很乐意随时为您服务。谢谢!

13. 颠簸

女士们、先生们:

请注意!受航路气流影响,我们的飞机正在颠簸,请您尽快就座,系好安全带。颠簸期间,为了您的安全,洗手间将暂停使用,同时,我们也将暂停客舱服务。(正在用餐的旅客,请当心餐饮烫伤或弄脏衣物。)谢谢!

14. 持续颠簸

女士们、先生们:

请注意!我们的飞机正经过一段气流不稳定区,将有持续的颠簸,请您坐好,系好安全带。颠簸期间,为了您的安全,洗手间将暂停使用,同时,我们也将暂停客舱服务。(正在用餐的旅客,请当心餐饮烫伤或弄脏衣物。)谢谢!

15. 预报到达时间(回收毛毯、耳机)

女士们、先生们:

我们的飞机预计在_____点_____分到达_____机场,根据现在收到的气象预报,当地的地面温度为_____。(现在正在下雨/雪。)(由于温差较大,需要更换衣物的旅客,请提前做好准备。)

飞机即将进入下降阶段,(我们将停止节目播放,谢谢您的欣赏。)请您将(耳机和)使用过的毛毯准备好,乘务员将前来收取。谢谢!

16. 下降时安全检查

女士们、先生们：

现在飞机已经开始下降。请您配合我们的安全检查，系好安全带，收起小桌板，调直座椅靠背，靠窗边的旅客请协助将遮光板打开。请您关闭手提电脑及电子设备，并确认手提物品已妥善安放。同时我们还要提醒您，在飞机着陆及滑行期间，请不要开启行李架提拿行李物品。（稍后，我们将调暗客舱灯光。）谢谢！

17. 中途落地

女士们、先生们：

我们的飞机已经降落在本次航班的中途站_____机场，外面的温度_____。

飞机还需要滑行一段时间，请保持安全带扣好，不要打开手提电话。等飞机安全停稳后，请您小心开启行李架，以免行李滑落，发生意外。

到达_____的旅客，请带好您的全部手提物品（先）下飞机，您的交运行李请在到达厅领取。

（旅客下机：）继续前往_____的旅客，当您下机时，请带好您的机票/登机牌，向地面工作人员领取过站登机牌，到候机厅休息等候。我们的飞机将在这里停留_____分钟左右，您的手提物品可以放在飞机上，但贵重物品请您随身携带。

（旅客不下机：）继续前往_____的旅客，请在飞机上休息等候。本架飞机大约将在_____分钟后起飞。

感谢您与我们共同度过这段美好的行程！（我们再次感谢您在航班延误时对我们工作的理解与配合。）

18. 终点站落地

亲爱的旅客朋友们：

欢迎您来到_____！现在机舱外面的温度_____。

飞机还需要滑行一段时间，请保持安全带扣好，不要打开手提电话。等飞机完全停稳后，请您小心开启行李架，以免行李滑落发生意外。

到达_____的旅客，请您准备好护照及全部手提物品到候机厅办理出（入）境手续，您的交运行李请在到达厅领取。（需从本站转乘飞机去其他地方的旅客，请到候机厅中转柜台办理。）

（我们再次感谢您在航班延误时对我们工作的理解与配合。）

××航空，伴您一路春风！感谢您选择××航空公司（与_____航空公司的代码共享）航班。我们期待再次与您相会，愿南航成为您永远的朋友！

（佚名，客舱广播词，https://wenku.baidu.com/view/f55f3f22ad51f01dc381f130.html，2016-10-13 上传，2021 年 5 月 2 日摘录）

> **拓展**
>
> 根据对以上资源信息的学习，结合自己搜集的其他相关信息，分组模拟出客舱服务的全过程，并以小组为单位互相检查，纠正改进，以加强对客舱服务礼仪的掌握。

参 考 文 献

[1] 周为民,杨桂芹.民用航空服务礼仪[M].北京:清华大学出版社,2015.
[2] 刘永俊,陈淑君.民航服务礼仪[M].北京:清华大学出版社,2012.
[3] 谢苏,姚虹华.空乘礼仪[M].北京:国防工业出版社,2013.
[4] 洪涛,杨静.空乘人员仪态与服务礼仪训练[M].北京:旅游教育出版社,2015.
[5] 刘科,刘博.空乘人员化妆技巧[M].上海:上海交通大学出版社,2012.
[6] 刘科,刘博.空乘人员的形体与礼仪姿态塑造[M].上海:上海交通大学出版社,2012.
[7] 魏全斌,刘桦,刘忠.空乘服务礼仪[M].成都:四川教育出版社,2015.
[8] 盛美兰.民航服务礼仪[M].北京:中国民航出版社,2012.
[9] 左婷,魏扬帆.形体塑造与展示[M].北京:科学出版社,2012.
[10] 何瑛,张丽娟.职业形象塑造[M].北京:科学出版社,2012.